地　安

Ground happy life

이 땅에 모든 사람들의 행복한 삶을 위하여…

일러두기

• 도형들에서 ━━━━▶ 화살표는

　흘러가는 시간, 과정, 시간에 따른 순리, 돌아가는 도道로 의미한다.

• 도형들에서 중간의 - - - - - - 점선들은

　극과 극의 경계, 엇박자의 경계, 중도, 중간등을 의미한다.

노자 도덕경의 공

老子 道德經의 空

하(下)

地安 이규석

하학상달 下學上達

지혜는 학력과 무관하지는 않지만
견문, 체험, 생각(선정)으로 얻는다.

모든 것은 공으로 이루어져 있다.
작은 일이든 큰 일이든 세상만사 모든 삶이 공이다.
공을 깨닫는 것이 지혜다.

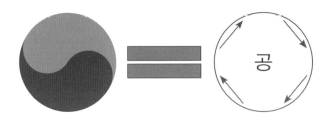

돌아가는 공의 도형

운명運命

나를 거역하는 운명아! 내 앞의 길을 비켜라.

나를 도와주는 운명아! 내 앞의 길을 인도하라.

이는 끝없는 도전과 끝없는 노력이다.

내가 현생에서 내 운명을 바꿀 수 있다.

"한때는 강해야 한다. 또한 한때는 약해야 한다. 그러나 한때는 강하고 한때는 약함을 적절히 응한다면 그것이 진정한 도다."

강하고 약한 것을 적절히 배우고 응하는 것이 노자의 도덕경이라 할 수 있다.

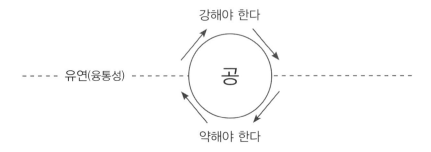

도덕경과 공을 함께 논하는 이유는 인간을 포함한 모든 만물이 살아가는 길은 모두 공을 이루기 때문이다.

노자는 "강한 것보다 유연해야 한다.(부드러워야 한다)"라고 주장했다. 그럼 유연이란 무엇인가? 융통성 있게 행하는 것이며 극과 극의 끝을 깨닫고 중간 정도를 행하는 것으로 양끝의 경계를 넘지 않게 처신하는 것을 말한다. 즉 균형을 이루는 행동을 하는 것이다. 공의 도형에서 엇박자의 경계, 즉 중도에서 한쪽으로 치우치면 공의 법칙에 의하여 시간이 지나면 다른 한쪽으로 다시 치우쳐 결국 자신에게 득보다는 실을 겪게 되기 때문이다.

진리는 하나의 공이다.

"그것을 믿느냐, 믿지 않느냐, 깨닫느냐, 깨닫지 못하느냐?"의 차이로 자신의 인생이 달라진다.

돌아가는 공의 세상은 누구도 막을 수 없다.

그가 위대한 성인이거나 악명 높은 폭군일지라도.

공 안에 있는 모든 존재는 돌아가는 흐름일 뿐이고, 이에 따라야 무난할 수 있다.

아끼기만 하는 자는 진정한 도덕인 쌓는 덕을 모른다. 이는 세상 살아가는 법을 모르기 때문이다.

이는 무지하여 공사도 구분 못하고, 내 것과 네 것, 그리고 작은 일을 구분 못하기 때문이다.

노자 도딕경을 읽기 전에 꼭 이해하고 가아할 부분이 있는데 하나는 도道며 하나는 덕德이라 할 수 있다. 도덕을 누가 보느냐 하는 것은 이 글을 이해하는 데 중요하다.

도道는 창조주의 능력, 즉 공의 세계를 노자가 창조주의 입장에서 보고 적은 글이며, 덕德은 창조주가 만든 정법定法의 길을 바르게(정법正法) 갈 수 있도록 노자가 사람들의 입장에서 적은 글이라 할 수 있다. 다르게 표현하면 중립의 입장에서 적은 글이다. 이 글은 꼭 그 상대방의 입장에서 이해를 해야 노자 도덕경의 가르침을 이해하고 받아들일 수 있다.

다만 노자는 도를 유의 세계와 무의 세계로 분리하여 하나의 도라고 적었다고 생각하면 좋을 것 같다. 다르게 말하면 도道는 무無의 세계의 입장에서, 덕德은 유有의 세계의 입장에서 적었다고 생각한다면 좋을 것이다.

많은 장에서 나오는 무無는 없다. 또는 부정으로 보기보다는 유의 반대되는 무의 세계, 즉 보이지 않지만 존재하는 세계로 이해를 한다면 쉽게 이해할 수 있을 것이다.

참고로, 불교에서 무無를 화두로 두고 수행을 하는 이유가 바로 엇박자로 돌아가는 공의 세계의 법칙을 깨닫기 위해서이다.

결국 상대방의 입장에서 보는 길이 하나가 된다면 그것이 노자가 바라는 세상이며 누구나 좋은 길을 걸어가는 밝고 행복한 세상이 아닐까 한다.

이를 공의 도형으로 이해한다면

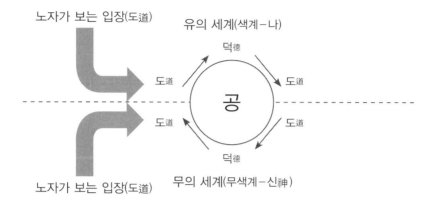

노자가 바라보는 도의 공의 도형

노자 도덕경을 시작하기 전에 가장 중요한 공의 개념을 이해하여야 각 장의 학문적 문장을 문자에 국한하지 않고 이해 할 수 있다.

자연自然(공空) – 자연스럽게 천지 창조 된 세계나 세상

도道 – 자연(공)이 돌아가는 길(좋은 길과 안 좋은 길)

덕德 – 덕에 따라 좋은 길과 안 좋은 길로 달라진다

이 글 '도덕경의 공'을 읽고 어떻게 이해하고 어떻게 실천을 하느냐에 따라 이것이 인생살이 가장 기본적인 책이 될 수도 있고, 심오한 책이 될 수도 있다. 또한 행동에 따라 자신에게 오묘하고 미묘한 일들이 일어날 것이다.

공을 이룸을 "원만하다, 잘됐다, 만사형통이다"로 표현한다. 어

떤 일이 잘되었거나 성공했을 때 엄지와 검지로 원을 그리는 표현도 같은 뜻으로 보면 된다.

도道를 모를 때는 천지天地가 두렵지 않다.
도道를 알면 천지天地가 두렵다.

진정한 민주주의의 국민, 전 세계의 모범이 되는 일류 대한민국 국민이 되기 위해서는 도덕이 최우선으로 중요하다.

이 글을 쓸 수 있었던 것도 모두 이 땅에서 살다가신 모든 선조님과 현재의 모든 사람의 공헌이 있었기에 가능했다.

고맙습니다, 고맙습니다, 고맙습니다.
항상 고맙습니다.

제38장

上德不德
상 덕 부 덕

上德不德 是以有德 下德不失德 是以無德

상 덕 부 덕 시 이 유 덕 하 덕 불 실 덕 시 이 무 덕

上德無爲 而無以爲 下德爲之 而有以爲

상 덕 무 위 이 무 이 위 하 덕 위 지 이 유 이 위

上仁爲之 而無以爲 上義爲之 而有以爲

상 인 위 지 이 무 이 위 상 의 위 지 이 유 이 위

上禮爲之 以莫之應 則攘臂而扔之 故失道而後德

상 례 위 지 이 막 지 응 즉 양 비 이 잉 지 고 실 도 이 후 덕

失德而後仁 失仁而後義 失義而後禮

실 덕 이 후 인 실 인 이 후 의 실 의 이 후 례

夫禮者 忠信之薄 而亂之首 前識者 道之華 而愚之始

부 례 자 충 신 지 박 이 난 지 수 전 식 자 도 지 화 이 우 지 시

是以大丈夫 處其厚 不居其薄 處其實 不居其華

시 이 대 장 부 거 기 후 불 거 기 박 거 기 실 부 거 기 화

故去彼取此

고 거 피 취 차

상덕은 덕이 아니다. 그러므로 덕이 있는 것이다. 하덕은 덕이라 하

지 않는다. 그래서 덕이 없다고 한다. 상덕은 무아로 너를 위한 것이고, 하덕을 행하는 것은 나를 위한 것이다.

상인은 행하는 것은 너를 위한 것이고, 상의는 행하는 것은 나를 위한 것이다. 상례를 행하는 것은 '안 하다가 응하는 것'과 같다. 즉 물리치다가(사양) 끌어당김(한다)으로 비유할 수 있다. 그러므로 도를 잃은 후에 덕을 찾고, 덕을 잃은 후에 인을 찾고, 인을 잃은 후에 의를 찾고, 의를 잃은 후에 예를 찾는다.

예를 지키는 자는 충성심과 믿음이 얇고 난세의 시초다. 도를 먼저 안다고 하는 것은 도의 꽃(꽃의 껍데기, 겉)만 보는 어리석음의 시작이다. 이에 대장부는 두텁게 처신하며, 엷게 살지 않고 실속있게 처신하며 꽃(껍데기, 겉이 화려)으로 살지 않는다. 고로 가질 것과 버릴 것을 안다. (무엇이 중요하고, 무엇이 중요하지 않은 것인지를 안다.)

해설 ▷▷ 이 장에서는 길을 만드는 덕에 대하여 설명하고 덕의 크기와 덕을 잃은 후 다른 길을 말하고 있다.

상덕은 덕이 아니다. 그러므로 덕이 있는 것이다. 하덕은 덕이라 하지 않는다. 그래서 덕이 없다고 한다.

앞서 노자 도덕경의 1편 도에서 설명하였듯이 이 장의 시작인 상도와 하도 등에 대하여 설명하면 다음과 같다.

"상덕은 덕이 아니다."라는 말은 "그 깊이가 오묘하고 천심(천성)이기 때문에 덕이 아니다."라고 한다.

예를 들어 4대 성인 중 석가모니불이나 공자님의 덕을 상덕이라 할 수 있다. 또한 지금 석고 있는 노자 노녁경노 결국 상덕이라 할 수 있다. 그분들이 행한 것은 고행과 고생으로 깨달음을 얻고 사람들을 위해서 가르침을 전한 것이니 모두 공음덕의 결과라 할 수 있으며 현재도 불멸을 이루고 있다. 즉 공음덕을 많이 쌓았기 때문이다.

하덕은 덕이라 하지 않는 것은 자신의 일신만을 위한 것이기 때문에 공이 돌아오면 자신에게 해를 입게 되므로 어찌 덕이란 말을 쓸 수 있겠는가?

덕德의 종류와 그로 인한 길[道]을 알아보자.

덕에는 쌓는 덕과 지키는 덕이 있다.

노자는 아마 두 가지 중 쌓는 덕을 말하고자 했을 것이다. 왜냐하면 인, 의, 예, 지, 신을 정도正道로 행하는 것도 지키는 덕이기 때문이다.

도와 덕의 관계를 살펴보면

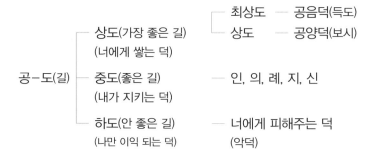

어떠한 자리에 있든 덕을 행하기에 따라 때가 되면 오묘하고 미묘하게 나에게 대가(복)로 돌아온다.

좋은 덕은 나에게 복으로, 안 좋은 덕은 나에게 피해로 돌아온다. 실제로 하도의 덕은 덕이라 할 수 없다.

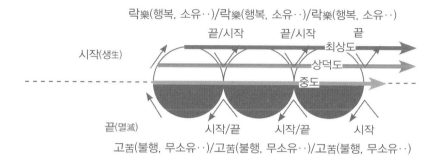

상덕의 길은 나도 득이 되고 다른 사람도 득이 되는 길을 말하고, 하덕의 길은 나만 득이 되는 길을 말한다. 상덕자가 많으면 태평천하를 이루고, 하덕자가 많으면 어지러운 세상(난세), 즉 혼돈의 세상을 이룬다.

상덕은 무아로 너를 위한 것이고, 하덕을 행하는 것은 나를 위한 것이다.

상덕은 너를 위해서 덕을 쌓는 것이고, 하덕은 자신을 위해서 덕을 쌓는 것을 말한다. 사람은 누구나 자신의 이익을 위해서 살아가는 것이 본능이라 할 수 있다. 하지만 공의 법과 더불어 살아가게 만들어져 있기 때문에 이를 무시하다가는 자신이 괴로운 상황을 맞는다.

너는 누구인가?

공의 도형을 살펴보면 다음과 같다.

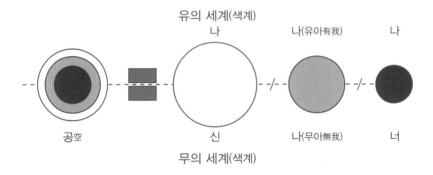

상단(유의 세계)은 모두 나로 이루어져 있고, 하단(무의 세계)은 세 분류로 너로 이루어져 있기 때문에 너와 공을 이루어야 함을 의미한다.

많은 사람들이 무의 세계의 신에게만 덕을 쌓지만, 결국 자신이 깨달음을 얻어야 한다. 신도 중요하지만 너도 중요함을 꼭 알아야 한다. 이런 연유로 상덕은 세 분류의 너에게 덕이 되도록 한다면 그것이 상덕이 된다. 세 분류의 상단(유의 세계)에 있는 나를 위한다면 그것은 공을 이루지 못하므로 하덕이라 한다.

그러므로 도를 잃은 후에 덕을 찾고, 덕을 잃은 후에 인을 찾고, 인을 잃은 후에 의를 찾고, 의를 잃은 후에 예를 찾는다.

돌아가는 공의 진리를 깨닫지 못했기 때문에 덕을 쌓으라고 하는 것이고, 덕(쌓는 덕)을 행하지 않기 때문에 어질(인)어라 하는 것이고, 어질(인)지 못하기 때문에 올바르게 살아라 하는 것이고, 올바르게 살지 않기 때문에 예라도 지켜야 한다고 하는 것이다. 이렇게라도 한다면 좋은 길을 갈 수 있기 때문이다.

여기서라도 지키지 않는다면 법으로 다스려야 하는데, "법대로 해." 하는 지금의 시대는 공을 이루지 못하는 혼돈의 시대라 할 수 있다. 결국 반대로 깨달음을 얻고 덕을 쌓는다면 인, 의, 예, 지, 신도 강조할 필요가 없다.

"훌륭하다"

타고남 안에서 죽을 때까지 살아가는 것을 순리巡理라 하며, 누구나 그렇게 살아간다. 순리를 알고 역행을 한다면 그 사람을 훌륭하다 한다.

부모에게 지극 정성으로 효도하고 공양한다면 이는 역행을 행하는 것이니 훌륭하다 한다.

남편이 외간 여자에게 빠지지 않는다면 이는 역행을 행하는 것이니 훌륭하다 한다.

아내가 자기 자식만 귀하게 보지 않고 남의 자식들도 귀하게 본다면 이는 역행을 행하는 것이니 훌륭하다 한다.

인생길에서 때가 되어 순리에 벗어나 재도전한다면 이는 역행을 행하는 것이니 훌륭하다 한다.

사람이 내 것만 소중하게 여기지 않고 남의 것도 소중하게 여긴다면 이는 역행을 행하는 것이니 훌륭하다 한다.

사람이 내 목숨만 소중히 여기지 않고 남의 목숨도 소중히 여긴다면 이는 역행을 행하는 것이니 훌륭하다 한다.

어떻게 하면 사업이 잘 되고 부자가 되겠는가?

첫째는 전생의 업으로 복이 많아 부잣집에 태어나야 한다. (아무리 부자라 해도 50%밖에 안 됨. 부잣집이나 좋은 가문의 후손으로 태어남.)

만약 타고난 복이 없다면, 복福을 만들어야 한다. 이는 '무의 세계'와 조화를 이루도록 노력하는 것을 말한다.

조화를 이루는 방법은 고행(사서 고생)과 보시를 하여 자신의 덕(공음덕과 공양덕)을 쌓는 것이다. 이 고행과 보시는 복을 만드는 변수가 된다.

둘째는 너를 위한 사업을 하여야 한다.

'공의 이치'로 볼 때 너를 위한 사업이 엇박자로 돌고 나면 나를 위한 사업으로 돌아오기 때문이다. 여기서 너는 구매자와 생산자(일하는 분들)를 같이 말한다.

셋째는 갖기 위한 노력을 많이 하고, 생각도 많이 하여야 한다.
- 사람을 많이 만나야 한다.
- 정도(신용)를 지켜야 한다.
- 그 분야의 기술에 최선의 노력을 다하여야 한다.

넷째는 남의 생명을 귀하게 여겨야 한다.
- 타인이게 피해를 주지 않도록 조심하여야 한다.

– 살생을 금하여야 한다.

보통 평범하게 태어난 사람이 부자가 되거나 사업이 잘되게 하려면 전생의 업으로 타고난 부자나 사업가를 부러워하기 이전에, 둘째, 셋째, 넷째를 지키고 노력을 증진한다면 필경에 큰 사업을 이룰 것이다. 이 중에서 가장 중요한 것은 첫 번째의 복을 만드는 길을 선택하는 것이다. 이는 '무의 세계'와 조화(기원과 대원)를 이루는 길이다. (무의 세계는 하나는 신, 하나는 무아, 하나는 너를 말한다.)

마음을 비우고 꾸준히 하다 보면 꿈이 현실로 오는 것을 느끼고, 또한 현실로 얻을 것이다. 이렇게 얻은 부富는 바람이 불어도 날아가지 않는다.

그 후손들 또한 이와 같이 한다면 그 집안은 자자손손 사업이 번성할 것이다. 모든 일이 하루아침에 이룰 수 없음을 명심하고 생활인 듯 행하여야 한다.

선덕을 행하면 없는 복도 만들고
악덕을 행하면 있는 복도 빼앗긴다.

제39장

昔之得一者
석 지 득 일 자

昔之得一者 天得一以淸 地得一以寧 神得一以靈 谷得一以盈

석지득일자 천득일이청 지득일이영 신득일이영 곡득일이영

侯王得一以爲天下貞 其致之一也 天無以淸 將恐裂

후왕득일이위천하정 기치지일야 천무이청 장공열

地無以寧 將恐發 神無以靈 將恐歇 谷無以盈 將恐渴

지무이영 장공발 신무이영 장공헐 곡모이영 장공갈

侯王無以貴高 將恐蹶 故貴以賤爲本

후왕무이귀고 장공궐 고귀이천위본

高以下爲基 是以侯王 自謂孤寡不穀

고이하위기 시이후왕 자위고과불곡

此非以賤爲本耶 非乎 故致數譽無譽 不欲祿祿如玉 珞珞如石

차비이천위본야 비호 고치수예무예 불욕녹록여옥 낙락약석

옛날에 '하나'를 얻은 것들이 있으니, 천은 하나를 얻어 맑고 지는
하나를 얻어 평온하며 신은 하나를 얻어 영이 되고 곡은 하나를
얻어 차고 제후나 왕은 하나를 얻어 천하를 바르게 한다. 이 모든
것을 이룬 것이 하나이다.

하늘이 맑음이 없으면 장차 찢어질 것을 염려하며 땅이 평온함이

없으면 장차 발할 것을 염려하고, 신이 영혼이 없으면 장차 다할 것을 염려하고 계곡에 채워짐이 없으면 장차 황폐해질 것을 염려하며, 만물이 생함이 없으면 장차 멸할 것을 염려하고 제후와 왕이 귀함과 높임이 없으면 장차 넘어질 것을 염려할 것이다. 고로 귀함은 천함을 기본으로 한다. 높음은 낮음을 토대로 하니, 때문에 제후와 왕은 스스로 고, 과, 불곡해야 한다. 이것은 천함을 근본으로 하는 것이 아닌가? 그렇지 않은가? 고로 명예에 수를 쓰면 명예는 없다. 옥처럼 귀하게 여기지 말고 돌처럼 낮추어라.

해설 ▷▷ 이 장에서는 공은 하나인 것을 강조하고, 또한 공의 원리를 설명한다.

천부경天符經 내용의 글을 인용하면
천부경의 전체 81자 중 처음 5자와 마지막 5자는 모두 공空을 뜻한다.
시작 5자: 일시무시일—始無始—
끝 5자: 일종무종일—終無終—

공의 도형으로 살펴보면

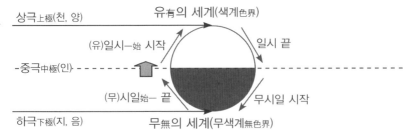

상기 도형은 시간의 흐름이 있는 공의 순리(순행)를 의미하며 만약 '공의 원리'로 본다면 일시와 무시일은 엇박자로 하나의 공을 이룬다.

원리로 본다면 '일시무시일－始無始－'는 유의 세계와 무의 세계의 하나의 공의 세계를 말한다.

상기 도형에서 하나의 시작(一始)이라는 것도 무엇인가 하나(유의 세계를 하나인 일로 표현하며 그 유의 세계 안에는 만물이 존재한다)의 존재가 있어야 하며 그 하나의 존재는 결국 유有의 존재로 그 안에 보이는 모든 것(만물)을 의미한다. 즉 내 눈에 보이는 물성(만물을 뜻함)이 있어야 하기 때문에 결국 유의 세계에 생기는 것을 일시－始라 하며 그 물성은 무의 세계에 의하여 시작된 하나(무시일無始一)인 것을 말한다. 결국 공의 세계를 말한다.

시작의 반대인 **'일종무종일－終無終－'**도 같은 뜻이라 할 수 있다. 결국 인과 연의 법과 같다고 보면 될 것이다.

인因(원인)이 시작하면 연緣(만남)도 시작하고＝일시무시일—始無始—

인因(원인)이 끝나면 연緣(만남)도 끝난다＝일종무종일—終無終—

천부경에 처음과 끝에 이 두 문장이 들어간 이유는 처음과 끝이 모두가 공空을 이루는 것을 뜻하는 것이 아니겠는가? 결국 우리가 살아가는 것이 모두 공空을 이루는 것이다.

공의 세계는 소인小人도 돌아가고, 대인大人(유교에서 말하는 군자君子)도 돌아간다. 즉 누구도 예외 없이 함께 돌아가고 있는 것이다. 즉 누구나 도道를 행하고 있는 것이다.

자신이 가야 할 길도 모르고 부귀영화를 누리고 산다면 무슨 의미가 있는가? 모두가 공인 것을.

시끄러움 안에서 고요함을 찾고, 더러움 안에서 깨끗함을 찾고, 생활 속에서 깨달음을 찾는다. 깨달음은 항상 내 곁에서 함께 존재한다.

제40장

反者 道之動
반 자 도 지 동

反者 道之動 弱者 道之用 天下之物生於有 有生於無
반자 도지동 약자 도지용 천하지물생어유 유생어무

되돌아가는 것이 道의 움직임이며 유약함은 道의 작용이다.
천하 만물은 유에서 나고 유는 무에서 난다.

해설 ▷▷ 이 장에서는 공의 순리를 말한다. 또한 만물은 모두 이 공 안에서 생하고 멸한다.

공을 돌아가게 만드는 것은 기氣로 인한 것이며 그 기를 공의 기, 즉 공기空氣라 할 수 있다.

유약함이란 표현은 양극을 적절히 응용하는 것이다. 이는 중도를 말하고 또한 부드러운 것을 의미한다.

도지동道之動의 공의 도형으로 살펴보면

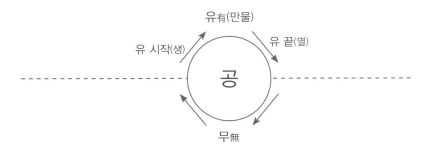

돌아가는 공의 도형

상기의 화살표가 돌아가는 것을 의미하며 또한 길이다. 다만 돌아가게 하는 힘은 기로 인한 것이다. 또한 무에서 유로 생기게 하고, 만물은 보이는 유의 세계 안에 존재한다.

공의 기는 0.001초 이하도 나에게서 떨어지지 않으며 나의 모든 것을 알고 있다.

예를 들어 내가 어떠한 생각이 공의 기로 들어오면 마음을 통하여 행동으로 하는데, 이때 공의 기는 그 생각들을 행동으로 할 수 있도록 기를 일으켜 유지하도록 계속 밀어주고 있는 것이다. 그렇게 하다가 최고 정점에 이르게 되면 행동을 한 반대의 결과로 전환하여 계속 밀어준다. 그러다 결국은 공을 이루게 하고 소멸이 되지만, 공의 기는 쉬지 않고 다음 기氣를 또 일으키며 내가 기가 빠져나가 죽을 때까지 무한 반복을 일으킨다. 이는 자신의 의지하고는 관계가 없고 의지로 어찌하지를 못한다. 이런 연유로 마음공부가 중요하다고 하는 것이다.

네 몸을 순환하는 기를 공의 도형으로 살펴보면

사람은 생각하는 존재로 수시로 계속 반복적으로 생각과 행동을 이루며 돌고돌아 공을 이룬다. 즉 생각이 움직임으로 인하여 공을 이루고 소멸하는 것이며 계속 돌아가야 자신이 살아있는 것이다.

내 몸의 순환은 어디서 시작이 되든 머리에서 들어온 모든 생각(좋은 생각이나 나쁜 생각 또는 잡념)은 마음으로 흘러가고, 마음이 그 생각의 중심을 잡아 몸으로 지령을 내리게 되고, 지령을 받은 몸은 행동으로 처음 들어온 생각을 밖으로 내보내게 된다. 그 내보낸 결과를 다시 마음이 중심을 잡아 판단하고 그 결과를 머리(정신)에 돌려 보낸다. 그 결과를 돌려 받은 머리(정신)는 다시 생각을 일으키고 처음과 같은 주기로 계속 죽을 때까지 무한 반복한다.

이렇게 내 몸은 하나의 공을 이루어 계속 순환하는 것이며, 마음(필터 역할)이 중심을 잡지 못하면 내 자신의 인생살이가 고달프게 된다.

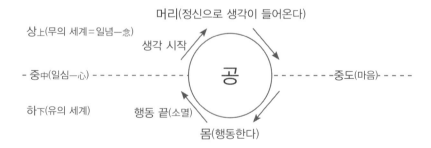

내 몸의 공의 도형

상기 공의 도형에서도 알 수 있듯이 머리로 들어온 생각이 마음을 거쳐 행동을 하기 때문에 그 일련의 결과가 좋은 공을 이루면 행복하지만, 만약 안 좋은 공을 이루면 불행을 맞이하게 된다. (일념과 일심은 무의 세계로 볼 수 있다.)

참고로 내 몸의 순환에서 머리로 들어오는 생각들은 대우주와 교감한다.

우리의 정신(뇌)은 '무의 세계'와 주기적으로 교감을 한다.

불쑥불쑥 생각(좋은 생각, 안 좋은 생각)이 떠오르는 것은 교감하기 때문이다. 우리의 뇌를 작은 우주라 하는 것도 이 교감 때문이다. 이 교감으로 일어난 생각을 바로 잡는 것이 마음이며, 이 마음이 결정을 하고, 마음의 결정으로 인하여 몸이 움직인다.

이 마음의 결정으로 인한 행동으로 행복해질 수도 있고 불행해질 수도 있다. 이런 까닭으로 마음공부가 어렵다 하는 것이다. 이 마음공부는 배워야 하고 또한 실천하여야만 가능하다.

엮임

내가 바르게 하고 너(거래처)가 바르게 하지 않아도 너로 인하여 함께 일이 꼬인다.

내가 바르게 하고 너(거래처)가 바르게 하지 않아도 나로 인하여 함께 일이 풀린다.

내가 바르게 하고 너(거래처)가 바르게 하지 않아도 나는 풀리고 너는 꼬인다.

내가 바르게 하지 않고 니(거래처)니가 바르게 해도 함께 꼬인다.

내가 바르게 하지 않고 너(거래처)가 바르게 하면 나는 꼬이고 너는 풀린다.

내가 바르게 하지 않고 너(거래처)가 바르게 하면 너로 인하여 함께 풀린다.

이 엮임이 정신적, 물질적, 육체적으로 오묘하고 미묘하게 나에게 괴로움으로 다가온다.

다만 대인관계에서 이 엮힘을 깨닫기는 참으로 어렵지만 항상 내가 정도의 길을 간다면 이 엮힘은 사라질 것이다.

제41장

上士聞道
상 사 문 도

上士聞道 勤而行之 中士聞道 若存若亡 下士聞道 大笑之
상 사 문 도 근 이 행 지 중 사 문 도 약 존 약 망 하 사 문 도 대 소 지

不笑, 不足以爲道 故建言有之
불 소 부 족 이 위 도 고 건 언 유 지

明道若昧 進道若退 夷道若纇
명 도 약 매 진 도 약 퇴 이 도 약 뢰

上德若谷 大白若辱 廣德若不足 建德若偸 質眞若渝
상 덕 약 곡 대 백 약 욕 광 덕 약 부 족 건 덕 약 투 질 진 약 투

大方無隅 大器晚成 大音希聲 大象無形
대 방 무 우 대 기 만 성 대 음 희 성 대 상 무 형

道隱無名 夫唯道善貸且成
도 포 무 명 부 유 도 선 대 차 성

상품의 사람이 도를 들으면 부지런히 그것을 행한다. 중품의 사람
이 도를 들으면 반신반의한다. 하품의 사람은 도를 들으면 크게 비
웃는다. 비웃지 않는다면 그것을 도라고 할 수 없다. 그러므로 이
런 말을 할 수 있다.

밝은 길은 어두운 것과 같고, 나아갈 길이 있으면 물러나는 것과

같고, 평탄한 길은 어그러진 것과 같다.

높은 덕은 계곡의 낮은 골과 같고, 가장 깨끗한 것은 더러운 것과 같고, 넓은 덕은 부족한 듯하고, 쌓는 덕은 구차한 것 같고, 참된 덕은 변하게 되는 것과 같고, 큰 모는 모퉁이가 없고, 큰 그릇은 늦게 완성되고, 큰 소리는 들리지 않고, 큰 형상은 상이 없다.

도가 보이지 않는 것은 무명이기 때문이며 오직 도만이 잘 베풀고 또한 이루게 한다.

해설 ▷▷ 공의 이치를 깨닫고자 하는 사람과 아닌 사람의 차이와 돌아가는 공의 순리를 말하고 있으며, 공의 상과 공의 덕을 설명하고 있다.

사람 성품의 정도

상 등급 성품 – 베풂과 배려를 잘하는 사람

타인에게 피해를 전혀 주지 않는다. 세상살이를 안다.

상위 그룹의 삶을 산다. – 현명한 지혜를 갖춘 사람

물질(돈과 정신)도 나름 만족하고 마음이 올바른 사람이다.

중하위, 최하위 등급에 피해를 전혀 주지 않으려고 노력한다.

중 등급 성품 – 베풂은 잘하고 배려는 못하는 사람

사회살이 살아가는 방법을 안다. 세상 이치를 조금 안다.

중상위 그룹의 삶을 산다.

물질(돈)은 있고 마음은 독하거나 냉정한 사람이며, 자신과 가족, 자신의 주위를 위주로 살아간다.

하 등급과 최하 등급에 피해를 준다.

하 등급 성품 – 베풂을 못하고 배려는 잘한다.

사회살이 살아가는 방법을 잘 모른다. 세상 이치를 모른다.

중하위 그룹의 삶을 산다.

물질(돈)은 많이 없고 마음만 착한 사람이다. 하 등급의 사람은 중 등급과 최하 등급으로부터 영향을 많이 받아 고생한다.

다른 등급에 피해를 전혀 주지 않으며, 혹 모르고 주게 되면 자기 탓으로 생각하고 미안해 한다.

최하 등급 성품 – 베풂도 모르고 배려도 모른다.

사회살이 살아가는 방법을 전혀 모른다. 세상살이 전혀 관심 없다.

돈이 있고 없고를 떠나 마음이 악한 사람이다. 인생을 자기 위주로만 마음대로, 되는대로 살아간다.

하 등급에 피해를 준다.

어른

나이 먹었다고 모두 어른이 아니고, 아이를 낳았다고 모두 어른이 아니다. 돈 많다고 모두 어른이 아니며 권력 있다고 모두 어른이 아니다.

어른이란 자신의 나이를 알아야 하고, 자신의 위치를 알아야 하고, 자신의 생각을 알아야 하고, 자신에 맞게 행동을 하여야 하며, 그로 인해 다른 사람에게 모범이 되어야 하며, 다음 세대(자식 세대)에게 올바른 모습을 보여줄 수 있어야 진정 '어른'이라 할 수 있지 않겠는가?

집에서 큰소리치는 사람은 밖에서는 조용한 사람이 많다. 반대로 집에서 조용한 사람은 밖에서 큰소리치는 경우가 많다. 혹 밖에서 조용한 사람이 밖에서 큰소리치는 경우는 약물 복용 및 술에 의지할 때뿐이다.

밖에서 큰소리친다는 것은 자신의 도리를 다하고 할 말은 정도에 맞게 다하며 밖이나 집이나 누구에게도 피해를 주지 않는 것을 말한다.

어른이라면 밖에서 쌓인 스트레스는 밖에서 해소하고 집으로 돌아가야 한다. 이를 위해서는 자신만의 해소 방법을 알아야 한다. 또한 가정의 구성원들은 모두 나와 같으니 존중하여 적절히 조화를 이루어야 한다. 이는 가화만사성, 즉 가정의 행복을 위하여 꼭 해야 한다. 가정이 평화롭고 화목해야 만사가 잘 되기 때문이다.

태어난 것은 의무이며 어떻게 사느냐는 선택이다.

모든 부모는 자기 자식이 능력 있고, 잘생기고, 예쁘고, 똑똑하고, 건강하고 복 있게 태어나기를 바라지만 이것은 부모 뜻대로 안 된다.

선천적 지체 장애, 정신적 장애, 빈곤한 곳에 태어난 것, 불우한 환경에 태어난 것 등에 대해 후회하고 원망한다고 되는 것이 아니다. 이런 원망과 후회는 오히려 자신의 인생을 망치게 하고, 평생을 후회하며 자신의 명을 단축시킬수 있다.

나는 부모님을 통하여 무명(전생의 업)에서부터 인연으로 태어난 것이다. 무명의 인연은 자신의 전생의 업 때문이라 생각하여야 하며 자신의 탓을 하여야 한다. 다만 부모님을 통해서 자신이 태어난 것뿐이다.

부모님을 통해서 태어났으나 부모님과의 인연은 '공의 법'으로 맺어진 인연이니 부모님을 공경하고 공양으로 모시는 것이 자신의 인생살이 첫 번째 근본이기 때문에 내가 부모에게 어떻게 행하느냐에 따라 자신의 인생살이가 달라지게 되어 있다. 이것은 '공의 법'이기 때문에 오묘하고 미묘하게 돌아 일들이 일어난다.

불효의 기준은 부모님이 자식 때문에 힘들어하느냐 아니냐의 경계가 아니겠는가? 그 인연으로 태어났지만 그러한 환경에서 포기힐 것이냐, 환경을 이겨내고 도전하여 과거 무명의 인연과 윤회의 업보도 청산하고 한 인생 멋지게 사느냐는 선택이다.

태어난 것은 의무이기 때문에 50점이다. 어떻게 사느냐는 선택이기 때문에 50점이다. 이 의무와 선택을 조화롭게 한다면 100점이 된다.

좋은 말과 좋은 글도

들으려고 하는 사람이 있는가 하면 듣지 않으려고 하는 사람이 있다. 배우려고 하는 사람이 있는가 하면 배우지 않으려고 하는 사람이 있다. 믿으려고 하는 사람이 있는가 하면 믿지 않으려는 사람이 있다.

이 또한 엇박자의 세상 이치(진리)니 누가 누구를 탓하랴.

공空은 모(각角)가 없다.

태양계를 포함한 은하수(계)의 모든 행성들은 구형, 즉 공의 형태로 만들어져 있으며, 운석(유성)들은 공의 형태가 아닌 모난 여러 형태를 이룬다.

왜 이렇게 만들어졌을까? 만약 공(구형)이 아닌 다른 형태로 만들어졌다면 아마 지금의 불교는 물론이요, 또한 부처님 말씀에도 공空은 없을 것이고, 노자의 도도 없을 것이다.

또한 이렇게 유의 세계의 큰 행성들은 모두 서로 간의 규칙(Rule)을 지키며 질서를 유지하고 서로에게 피해를 주지 않고 원만히 돌아간다. 하지만 작은 운석들은 모가 나서 그 무리에서 이탈하여 돌발 상황들을 일으키는데, 은하계 전체로 보면 흔적도 없을 것이다.

이와 같이 큰 세상을 보려면 공의 형태로 살아야 하며 작은 세상을 보려면 모나게 살아도 될 것이다. 행성과 운석과의 차이처럼 말이다. 이 모두가 공空의 존재 이유가 아니겠는가?

참고로 태양계 행성들은 태양에서 가까운 것부터 나열하면 모두 알고 계시겠지만, 수성, 금성, 지구, 화성, 목성, 토성, 천왕성, 해왕성 순이다.

밝은 길은 어두운 것과 같고, 나아갈 길이 있으면 물러나는 것과 같고, 평탄한 길은 어그러진 것과 같다.

공의 도형으로 살펴보면

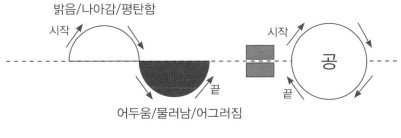

엇박자의 순리의 공의 도형

높은 덕은 계곡의 낮은 골과 같고, 가장 깨끗한 것은 더러운 것과 같고, 넓은 덕은 부족한 듯하고, 쌓는 덕은 구차한 것 같고, 참된 덕은 변하게 되는 것과 같고.

이 내용은 공의 이치로 공음덕을 쌓는 과정들을 느끼는 것을 말한다.

제42장

道生一
도 생 일

道生一 一生二 二生三 三生萬物
도 생 일 일 생 이 이 생 삼 삼 생 만 물

萬物負陰而抱陽 沖氣以爲和
만 물 부 음 이 포 양 충 기 이 위 화

人之所惡 唯孤, 寡, 不穀 而王公以爲稱
인 지 소 악 유 고 과 불 곡 이 왕 공 이 위 칭

故物或損之而益 或益之而損
고 물 혹 손 지 이 익 혹 익 지 이 손

人之所敎 我亦敎之 强梁者不得其死 吾將以爲敎父
인 지 소 교 아 역 교 지 강 양 자 부 득 기 사 오 장 이 위 교 부

도에서 하나가 나오고 하나에서 둘이 나오며 둘에서 셋이 나오고 셋에서 만물이 나온다. 만물은 음을 등에 지고 양을 껴안고, 공허한 기는 조화를 이룬다. 사람이 싫어하는 것은 고(외로움), 과(적은 것), 불곡(없는 것)이어서 임금은 그것에 무게를 둔다. 그러나 만물은 덜어서 이익이 되고 이익이 되면 덜게 된다. 사람들이 가르치는 것을 나도 가르친다.

강하다고 버티는 사람은 제명대로 죽지 못한다. 나는 이것을 창조

주의 가르침으로 삼는다.

해설 ▷▷ 이 장에서는 공의 세계를 설명하고 그 깨달음으로 처신함을 말한다.

도에서 하나가 나오고 하나에서 둘이 나오며 둘에서 셋이 나오고 셋에서 만물이 나온다. 만물은 음을 등에 지고 양을 껴안고, 공허한 기는 조화를 이룬다.

삼계三界

불교의 세계관으로 3개의 세계(삼계三界)가 있는 것을 말한다. 하나는 욕계欲界, 하나는 색계色界, 하나는 무색계無色界이다. 기존의 책들에서는 삼계에 대하여 여러 가지 설명이 있지만 이 책에서는 삼계를 공의 도형으로 살펴보면 다음과 같다.

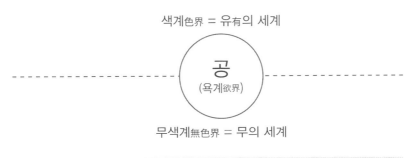

색계色界 = 유有의 세계

공
(욕계欲界)

무색계無色界 = 무의 세계

삼계의 공의 도형

도에서 나온 하나는 공이며, 즉 욕계를 말한다. 하나에서 둘은

무의 세계와 유의 세계를 말한다. 둘에서 셋은 무의 세계와 유의
세계와 유의 세계의 만물을 말한다. 무의 세계에서는 보이지 않기
때문에 나올 것이 없다. 또한 유의 세계는 음양, 낮과 밤, 남과 여
등으로 엇박자를 이루며 돌아가는데, 이는 공의 기로 조화를 이루
는 것이다.

**사람이 싫어하는 것은 고(외로움), 과(적은 것), 불곡(없는 것)
이어서 임금은 그것에 무게를 둔다.**

사람은 자신의 이익을 우선하는 것이 타고난 성품이라 할 수
있다. 불교에서는 이를 삼독이라 하며, 욕심과 성냄, 어리석음으
로 이로 인하여 고, 과, 불곡을 싫어한다.

그러므로 무지자無知者는 삼독을 좇는다.

**자신이 가야 할 길도 모르고 부귀영화를 누리고 산다면 무슨 의미
가 있는가? 일장춘몽인 것을….**

**강하다고 버티는 사람은 제명대로 죽지 못한다. 나는 이
것을 창조주의 가르침으로 삼는다.**

역사를 되돌아 본다면 위인들마다 타고난 재주와 능력들이 있
지만 천명은 거스를 수 없었다.

공의 세계는 강함보다는 조화를 원하므로 너에게 덕을 쌓아야
운명을 바꿀 수 있다. 자신이 가진 능력이나 힘은 자신의 노력으
로 이루었다고 자신하여도 이는 전생의 업 때문이며 살아가는 동
안만 유효한 능력과 힘이니 과시하거나 자만하여 다른 사람을 업

신여기지 말아야 한다. 공의 이치로 볼 때 그 후의 일은 누구도 장
담할 수 없기 때문이다.

제43장

天下之至柔
천 하 지 지 유

天下之至柔 馳騁天下之至堅 無有入無間 吾是以知無爲之有益
천하지지유 치빙천하지지견 무유입무간 오시이지무위지유익

不言之敎 無爲之益 天下希及之
불언지교 무위지익 천하희급지

천하가 부드러움에 이르면 다음(달리면)은 천하의 견고(굳음)함에 이른다. 무는 유에 들어 무간(공空을 이룸)에 든다. 나는 이로써 무위의 유익함을 안다. 불변의 가르침(진리)인 무위의 유익함은 천하(유위)에 영향을 미친다.

해설 ▷▷ 이 장에서는 무와 유의 공의 엇박자의 순리와 그 경계를 설명하고, 유의 세계에 영향을 미치는 것은 무의 세계인 무위라는 것을 말한다.

천하가 부드러움에 이르면 다음(달리면)은 천하의 견고(굳음)함에 이른다. (天下之至柔 馳騁天下之至堅)

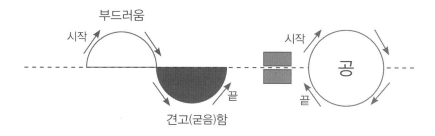

엇박자의 순리의 공의 도형

공의 이치가 엇박자의 원리와 원칙이 있어 부드러움과 굳음은 엇박자이므로 노자는 부드러움은 시간이 지나면 부드러움의 극인 견고함을 이룬다고 말한다. 즉 공의 순리를 말하는 것이다. 또한 공의 순리는 누구나 살아가는 길[道]이라 할 수 있다.

시간이 지나면 변하는 양극의 엇박자를 살펴보면(제2장 참조) 다음과 같다.

공 안에 돌고 있는 엇박자(상대성)의 존재

공의 순리(시간에 따라 변한다)

모든 일이 자신의 뜻대로 되지 않는 것도 공 안에 유와 무가 맞물려 돌아가는 공의 순리(시간에 따라 변한다) 때문이다.

유소유	태어남	건강함	행복하다	사랑한다	정상이다
무소유	죽는다	병든다	불행하다	증오한다	비정상이다

잘나간다	잘살다	편안하다	좋다	살고싶다	최고다	강하다
못나간다	못산다	힘들다	안좋다	죽고싶다	최하다	약하다

생기다	많다	창조(유명)	믿음	선행	얻음(득)	…
소멸하다	적다	무명	불신	악행	잃음(실)	…

공의 세상은 무위법과 유위법이 함께 한다. 무위가 없으면 유위도 없고 유위가 없으면 무위도 없다. 이는 인·연·인·연·인…의 끈으로 연결되어 있기 때문이다.

현생(유의 세계)에 사람이 태어난 것은 무위법에 의하여 전생에 자신이 행한 것이 원인(인)이 되어 자신과 만남(연)을 맺는 것이다. 결국 자신도 모르는 자신이 행한 것이 무위라 할 수 있다.

반대로 죽어서 천국을 가기 위해서는 현재의 자신이 하기에 따라 달라지며 이는 현재를 유위라 할 수 있다. 즉 보이지 않는 천국이나 지옥에 갈지, 아니면 보이는 축생이나 인간으로 다시 태어날지는 유위에 달려 있는 것이다.

공의 도형으로 살펴보면

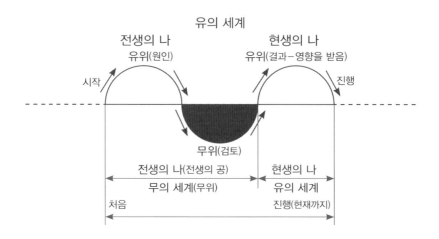

상기 도형에서 보듯이 전생의 나에서 어떠한 행동을 해왔는가가 무위의 검토 과정을 거쳐 현생의 나로 태어나는 것이다.

다만 누구나 자신의 전생이 무엇이었으며 어떻게 살았는지를 알 수도 느낄 수도 없기 때문에 현재의 자신을 되돌아보는 것이 내가 앞으로 살아가는 데 중요하다. 결국 무위는 현재의 나의 유위에 막대한 영향을 주는 것이다.

참고로, 유의 세계에서 학창시절 시험, 수능 시험, 기능 시험, 취업 시험, 승진 시험 등 많은 시험을 치는 이유가 무엇인가? 이는 유위(노력)에 의하여 채점 과정(무위)을 거쳐 등수(결과)가 나타나는 것이다. (앞서 제20장에서 설명한 십여시를 참조)

무위법無爲法과 유위법有爲法

무위법無爲法은 '무의 세계'에서 중생의 '유의 세계'에 살아생전 지은 업에 따라 등급을 주는 것으로 육도로 환생하는 측도가 된다.

'공의 법'에 의해 '무의 세계'에서 정해진 것(법)이니 '유의 세계'의 인간은 절대로 어찌할 수 없으며 '무위법'에 순수하게 따라야 할 뿐이다. 무위는 결국 누구나 보이는 것보다 보이지 않는 것이 더 무서운 것과 같다.

예를 들어 각 나라별도 경찰들이 많이 있어도 보이지 않는 범죄자(도둑)를 먼저 잡을 수 없듯이 무의 세계도 보이지 않기 때문에 나에게 어떤 영향을 줄지 모른다.

유위법有爲法은 '유의 세계' 현생(과거에 살았던 사람, 현새에 살고 있는 사람, 미래에 살아야 할 사람)에 살고 있는 사람들의 공덕(공양덕＋공음덕)에 따라 사후(죽은 후) '무의 세계'에 들어갈 때 그곳에서 등급을 받을 측도가 된다. 그러므로 유위법은 자신이 만드는 것이다.

예를 들어 어떤 사람이 죽으면 지옥 가느냐 천당 가느냐 하는 것을 말한다. 못된 짓만 했으면 지옥을 갈 것이고 착한 일을 많이 했으면 천당 갈 것이기 때문에 이것은 '유위법'에 의한 것이 된다.

참고로, 절에서 생전예수재를 행하는데, 이것은 미리 죄업을 닦는 것으로 유위법에 들 수 있다. 또한 너를 위하여 덕을 많이 쌓으면 그 덕이 나에게 돌아와 복이 되어 죽은 사후에 유위법에 의하여 좋은 곳(천국, 천당)을 갈 것이다.

다만 '유의 세계'에서 자기들끼리, 또는 자기 자신을 과시하는 것 등의 행동으로 너와 조화를 이루지 못하면 '유위법'은 꿈과 환(변함)과 물거품과 그림자 같으며 이슬과 같고, 또 번개와 같이 다 허망하고 거짓될 것이다.

무위법은 형제자매들이 한부모에게 태어나도 외모, 성품, 성별, 생명, 삶 등이 다르게 태어나고 다르게 살아가는 것과 같다. 만약 한부모에게 자식으로 태어난 형제자매들이 모두 외모도 똑같고, 성품도 똑같고, 살다 죽는 나이도 똑같고, 살아가는 방식도 똑같다면 부처님께서 말씀하신 무유정법無有定法도, 무위법無爲法에 차별도 없을 것이며, 부처님 말씀도 거짓이 되는 것이다.

무위법은 유위법 안의 현행법보다 위에 있으며 이는 그 깊이를 알 수 없기 때문이다.

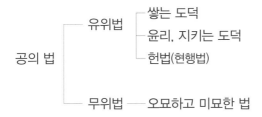

유의법의 최상은 쌓는 도덕(덕치주의)

　　　　중도는 도덕 윤리로 지키는 도덕(중도 주의)

　　　　최하는 현행법(법치주의)

우리가 살고 있는 것 중 누가 "법대로 해" 식으로 살아가는 사람은 법치주의자이며 이 땅에 살아가는 최하의 삶을 살아가고 있는 것이다.

名與身孰親
명 여 신 숙 친

名與身孰親 身與貨孰多 得與亡孰病 是故甚愛必大費
명 여 신 숙 친 신 여 화 숙 다 득 여 망 숙 병 시 고 심 애 필 대 비

多藏必厚亡 知足不辱 知止不殆 可以長久
다 장 필 후 망 지 족 불 욕 지 지 불 태 가 이 장 구

명예(이름)와 건강(몸) 중 어느 것이 더 중요한가? 건강(몸)과 돈 중에 어느 것이 더 중요한가? 얻는 것과 잃는 것 중 어느 것이 더 근심이 되는가?

그러므로 애착(탐욕)이 심하면 반드시 자신을 해치게 된다. 많이 모으면 반드시 많이(두텁게) 잃는다. 만족함을 알면 곤욕을 당하지 않고, 그칠 줄 알면 위태로움이 없다. 그리하면 장구(크고, 오래)한다.

해설 ▷▷ 이 장에서는 깨달음의 중요함과 엇박자로 돌아오는 공의 순리를 말하고 있다.

누구나 다 아는 이런 말들이 있다.

돈을 잃는 것은 조금 잃는 것이요

명예를 잃는 것은 많이 잃는 것이며

건강을 잃는 것은 전부를 잃는 것이다.

하지만 노자는 맨 앞에 명을 먼저 적었다.
돈을 잃는 것은 조금 잃는 것이요
건강을 잃는 것은 많이 잃는 것이며
명(명예)을 잃는 것은 전부를 잃는 것이다.

예를 들어, 석가모니불이나 역사에 남는 위대한 위인들은 건강보다는 이 땅에 많은 중생들이나 사람들의 행복한 길을 열어주기 위하여 몸도 아끼지 않고 수행으로 고행을 하였다. 이는 범부凡夫와 현자나 성인의 차이가 아니겠는가?

아직도 불멸의 명(명예)을 가진 위인들에게 누구나 배우고 가르침을 받는 것도 그분들은 죽었지만 그 이름은 남아있기 때문이다. 이런 연유로 노자는 명을 전부로 생각했다.

중생(보통사람)들은 자신의 몸을 최우선으로 생각한다. 자신의 몸만 귀하게 느끼고 너(남들)의 몸은 생각하지 않는다.

중용의 천명지위성을 인용하면 사람은 타고날 때부터 자신의 명이 정해져 있다. 변수로 쌓는 덕에 따라 명은 조금 달라지지만 결국 인간은 죽게 된다. 깨달음을 얻은 수행자나 득도자는 천명天命을 알기에 건강을 크게 중요하게 생각하지 않는다.

장구한다는 말도 결국 명예가 남는 것을 말하며 이 글 노자 도덕경도 알고 보면 노자의 명(명예)이라 할 수 있다.

얻는 것과 잃는 것 중 어느 것이 더 근심이 되는가?

아마도 깨달음이 없는 사람들은 잃는 것이 더 근심이 될 것이다. 그러나 득도자는 얻는 것이 더 근심이 된다.

이를 공의 도형으로 살펴보면

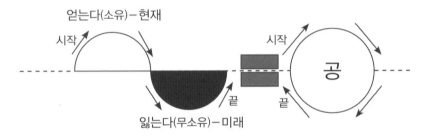

얻는 것의 순리의 공의 도형

시간은 무조건 흐르기 때문에 얻으면 때가 되면 무조건 잃게 된다. 이는 불변의 공의 법칙 때문이다.

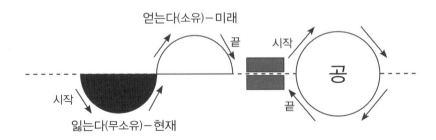

잃는 것의 순리의 공의 도형

상기 도형들에서 어느 것이 근심이 되겠는가?

현실에 많은 사람들은 현재 자신의 재산을 잃는 것을 두려워하고 근심하는 것이 현실이다. 하지만 깨달음을 얻은 자는 가지는 것을 두려워한다. 왜냐하면 빼앗길 때 액운이 상상도 못하게 오묘하고 미묘하게 일어나기 때문이다.

"부자 삼대 못 가고, 가난 삼대 안 간다"라는 말이 있다. 이 말도 노자의 말과 같은 뜻으로 보면 된다. 깨달음이 없다면 공의 법칙에 의하여 그렇게 되게 되어 있기 때문이다. 이런 연유로 노자 도덕경은 결국 덕을 쌓아야 "부자 삼대 못 가고, 가난 삼대 안 간다"라는 말을 역행할 수 있는 길을 가르치는 경이라 할 수 있다.

돈이란 지금 없다고 나중에 없는 것이 아니다.
돈이란 오늘 없다고 내일 없는 것은 아니다.
돈이란 지금 있다고 나중에 있는 것이 아니다.
돈이란 오늘 있다고 내일 있는 것은 아니다.
돈보다는 사람을 귀하게 보아야 한다.

내가 돌고 도는 고생의 인생길을 사는 것은 껍데기(유, 눈에 보이는 것)만 본 결과이기 때문이다.

지금 무난하다고 나중에 무난한 것은 아니다.
오늘 무난하다고 내일 무난한 것은 아니다.

무에서 난을 일으키면 유난이 된다. 유난으로 나는 괴로움을 겪게 된다.

누구나 살다 보면 한때 많은 돈이 들어온다.

이 돈은 자신의 인생에 딱 한 번일 수 있으니 그 돈을 잘 써야
한다. (사람들은 죽을 때까지 그 돈이 계속 들어오는 줄 안다.)

그럼 어떻게 써야 하나?

최우선으로 들어온 돈(이윤)을 한 번씩 정리하여 10% 이상을 보
시(기부, 헌금, 시주, 보시 등)하여야 한다. 이것은 가장 중요한 일이
다. 그 다음에 저축이나 부동산 매입, 투자 등을 하여야 한다. 그
다음에는 사치를 해야 한다.

보통의 사람들은 먼저 흥청망청 쓰든가 관련 없는 사업을 추진
하든가 무리한 사업 확장을 한다. 왜냐하면 그 돈은 조금 있으면
없어질 수 있기 때문이다. (엇박자로 돌고도는 세상 이치이기 때문이다.)

최우선으로 한 보시로 액운을 피해갈 수도 있고, 혹 좋은 때가
지나고 어려운 때가 닥쳐오더라도 보시한 공덕으로 자신의 삶에
원동력이 되어 다시 일어서게 된다.

평소보다 돈(복)이 많이 들어오면 조만간 악惡(생각지도 못한 우환
으로 돈이 나감)도 같이 들어오니 미리 돈을 보시(이윤의 10% 이상)하
여야 한다. 만일 그냥 두면 상상도 못하는 일이 일어나 돈도 빼앗
기고 정신도 괴롭게 된다. 잘못하면 모두(많이) 빼앗길 수 있다. 이
같은 일은 오묘하고 미묘하게 일어나게 된다.

제45장

大成若缺
대 성 약 결

大成若缺 其用不弊 大盈若沖 其用不窮
대 성 약 결 기 용 불 폐 대 영 약 충 기 용 불 궁

大直若屈 大巧若拙 大辯若訥 躁勝寒 靜勝熱 淸靜爲天下正
대 직 약 굴 대 교 약 졸 대 변 약 눌 조 승 한 정 승 열 청 정 위 천 하 정

대성은 결함이 있는 것 같지만 그 쓰임은 폐해가 없다. 가득찬(충만) 것은 공허한 것 같지만 그 쓰임은 궁(허)하지 않다.

큰 곧음은 움츠리는 것 같고, 큰 재주는 서툰 것 같고, 달변은 말을 하지 않는 것 같다. 움직임(조급함)은 추위를 이기고 고요함은 열(흥분)을 이긴다. 청정함은 천하를 바르게 아는 것이다.

해설 ▷▷ 이 장에서는 덕을 쌓은 자의 행동에 대해 말하며 그 행동으로 천히의 정한 이치를 바르게 아는 것을 말힌다.

정定과 정正

정定은 정할 정, 정正은 바를 정.

공空이 돌아가는 길은 정해져 있는 길[道]이며, 이를 정도定道의 길이라 할 수 있다. 태고부터 현재까지, 또한 미래에도 계속 돌아

가는 징해진 길이라 할 수 있다. 그 안에 살고 있는 생명력 있는 존재는 그 길(定道)을 바르게 배워 익혀 정도正道로 살아야 원만하게 공을 이루고 살다 갈 수 있다.

불교에서 팔정도八正道라는 수행이 있다.

팔정도를 요약하면, 중생이 괴로운 고의 원인인 삼독(탐, 진, 치)을 없애고 해탈하여 깨달음의 경지인 열반의 세계로 가기 위해서 해야 하는 8가지의 수행길을 말한다.

팔정도八正道(여덟 가지 바른 길)

하나, 정견正見 – 바르게 보는 것

둘, 정사正思 – 바르게 생각하는 것

셋, 정어正語 – 바르게 말하는 것

넷, 정업正業 – 바르게 행동하는 것

다섯, 정명正命 – 바르게 목숨을 지키는 것. 즉 모든 생명의 존귀함을 바르게 아는 것 (내 명도 중요하지만 너의 명도 중요하다.)

여섯, 정정진正精進 – 바르게 노력하고 나아가는 것

일곱, 정념正念 – 바르게 마음먹는 것 (한문은 생각할 념으로 쓰지만, 뜻은 생각을 잡는 것이 다짐이기 때문에 정념은 바른 마음으로 해석한다.)

여덟, 정정正定 – 바르게 정定한다.

이전의 모든 바른 정正을 자신에게 행하도록 정하는 것이다. –

자신의 규칙

여기서(팔정도) 공통으로 들어가는 글자는 바른 정正이다.

바른 정正이란 무엇인가?

창조된 공의 세상의 이치(룰)가 정해진 정定이라면 인간은 그 정定을 깨닫든 아니면 깨닫는 과정에서 바르게(정正) 행하여야 하는 것을 말한다. 이는 나 이외 모든 너(중생)에게 피해를 주지 않는 것을 바른 정正이라 한다.

우리는 알든 모르든 살면서 너에게 피해를 주며 살아가고 있다. (피해를 주는 척도는 각각 다르다.) 그러나 팔정도의 정正도 바르게 행하는 것도 중요하지만 진정 만들어진 공의 세상의 정해진 정定을 모른다면 바르게 행하는 정도도 무슨 의미가 있겠는가?

예를 들어 정해진 정定을 모르고 살아가는 사람도 착한 사람이라 할 수 있으며, 바르게(正) 살아간다고 자신에게 피해가 돌아오지 않는 것은 아니다. 그러나 정해진 정定을 깨닫고 살아가는 사람은 올바른 사람이라 할 수 있으며 바르게(正) 살아간다면 자신에게 피해는 오지 않고, 자신은 물론이요 너에게도 덕을 줄 수 있다. 이런 연유로 부처님께서는 팔정도를 행하여 너에게 피해를 주지 않기를 바라시고 말씀하시는 것이다.

깨달음의 길은 멀고, 모르면 자신이 괴로운 고苦를 겪어야 하기 때문에 정도로 살아야 그 고苦에서 벗어날 수 있다. 또한 육바라밀을 행하는 수행자는 팔정도는 기본으로 행하여야 하며, 또한 육바라밀을 행하는 수행자는 스스로 팔정도를 행하게 된다. 행하지 않는나면 진정한 수행자가 아니다.

팔정도는 수행자나 부처님을 믿는 신도는 물론이요, 모든 사람들에게도 세상살이 근본임을 알아야 한다.

올바름

내 생각의 바름이 첫째요

내 마음의 바름이 둘째요

내 행동의 바름이 셋째다.

이것은 정법 안에서 바르게 행하는 것이다.

착함과 올바름의 차이

착함은

– 선근을 타고난다

– 선천적으로 마음이 맑아 마음이 약하다.

– 겉으로는 강한 척하나 속으로는 모질지 못하다.

– 자신은 손해보더라도 타인을 배려한다.

– 입은 있으나 자신에게 꼭 필요한 말을 못한다.

– 자비심과 자애심이 많다.

– 자기 탓으로 모든 일을 합리화하여 무마시키려고 한다.

– 술의 힘을 빌려 강해지려는 경향이 있다.

– 심한 경우 타인과 함께하는 사회 생활이 불가능하다. (대인기피로 은둔 생활을 하여야 한다.)

기타 등등으로 착한 사람이 타인으로부터 피해나 손해를 보는

편이 많다.

올바름은

착한 성품을 가진 사람이 지혜를 갖추었을 때를 말한다.

선근을 가진 사람이 '착함'으로 인하여 여러 번 손해나 고생을 해보고 깨달아 정법 안에서 생각과 마음으로 모든 사물을 정확히 보고 용기 있게 말과 행동을 하는 것이다.

올바름 안에서는 손해나 피해는 일어나지 않는다. 올바름을 깨달았다고 생각하는 자신의 생각 안에서 상대로 인하여 물질적 손해나 피해가 발생하면 이는 깨달음이 부족한 것이며, 또한 깨달음을 얻기 위한 과정이라 보아야 한다.

무지한 자는 똑똑한 자가 현명하다고 한다.

언론 매체를 보아라. 똑똑한 자들이 부린 수단으로 자신들의 말로 末路가 어떠한지를….

天下有道
천 하 유 도

天下有道 却走馬以糞 天下無道 戎馬生於郊
천 하 유 도 각 주 마 이 분 천 하 무 도 융 마 생 어 교

禍莫大於不知足 咎莫大於欲得 故知足之足 常足矣
화 막 대 호 부 지 족 구 막 대 어 욕 득 고 지 족 지 족 상 족 의

천하에 도가 있으면 말(주마)의 똥이 거름이 되고, 천하에 도가 없
으면 군마가 생기면 제사 지낸다. (잡아먹는다)

큰 화를 막을 수 없는 것은 만족함을 알지 못하기 때문이고 큰 허
물을 막을 수 없는 것은 욕심을 계속 가지기 때문이다. 그러므로
족함을 알고 만족하면 항상 만족할 것이다.

해설 ▷▷ 이 장에서는 돌아가는 공의 길을 비교하고 만족하는 법
을 말한다.

덕치德治주의와 법치法治주의의 공

덕치주의의 공은 사람이 살아가는 사회나 세상이 좋게 돌아가
는 공의 세상을 말한다. 즉 노자가 말하는 천하유도天下有道라 할
수 있다. 이는 대중(많은 무리)이 덕을 보고 소수가 피해를 보는 세

상이라 볼 수 있다.

예를 들어 성군聖君(어질고 덕이 뛰어난 임금)이 자신의 욕심을 버리고 백성들을 위하여 덕德으로서 국가를 운영한다면 이를 덕치주의라 할 수 있다. 이는 임금이나 권력에 있는 문무백관들은 소수의 사람들로 피해를 볼 수 있지만 반대로 많은 백성(대중)들은 성군의 현명한 정치로 인하여 덕을 보는 것이 된다.

덕치주의는 너를 위하여 지키는 덕과 너에게 쌓는 덕으로 살아가는 주의를 말한다. 덕치주의는 결국 내가 행복해지는 주의라 할 수 있다.

법치주의의 공은 사람이 살아가는 사회나 세상이 안 좋게 돌아가는 공의 세상을 말한다. 즉 노자가 말하는 천하무도天下無道라 할 수 있다. 이는 대중(많은 무리)이 피해를 보고 소수가 덕을 보는 세상이라 볼 수 있다.

예를 들어 사람들이 서로 논쟁을 할 때 "법대로 해" 하면서 이기주의로 서로 남 탓을 할 때를 생각해보자. 사람들이 무지하여 자신의 잘못을 뉘우치지 않자 이 논쟁의 판가름을 위하여 국가가 법을 만들어 강제력으로 사람을 다스리게 된다. 그러므로 법을 다스리는 소수의 법 집행관들은 덕을 보고 대중(국민–백성)들은 피해를 보는 결과를 가져온다.

법치주의는 나를 위하여 지키는 덕과 나에게 쌓는 덕으로 살아가는 주의를 말한다.

법치주의는 결국 나도 불행해질 수 있는 주의라 할 수 있다.

현재 많은 정치인들 중에 법 관련 출신들이 많은 것도 '법치주의의 형태'라 볼 수 있다. 법치주의가 흥성할수록 그 사회는 안 좋은 방향으로 공이 돌아가는 세상이라는 것을 말하며, 이는 갈수록 국민의 삶이 힘들어지는 것을 말한다.

법치주의는 왜 일어나는가?

첫째는 공의 이치인 진리를 모르는 무지 때문이다.(치 – 어리석음)

둘째는 자신부터 살고자 하는 이기주의 때문이다.(탐 – 욕심)

셋째는 자신에게 일어난 고난, 고생들을 모두 너 탓으로 돌리기 때문이다.(진 – 성냄)

넷째는 이런 이유로 사회 전체에 만연된 이념 때문이다.

법치주의의 시작은 자신부터임을 알아야 한다. 그런 이유로 자신부터 법의 단속을 받는다.

법이 늘어나는 것은 너에게 덕을 쌓지도 않고, 함께하는 덕을 지키지도 않고, 자신만 위하는 악덕만 쌓기 때문이다.

법치주의에서 벗어난 덕치주의로 갈 수는 없는가?

많은 시간이 필요하겠지만 누구보다도 자기 자신부터 바뀌어야 세상이 바뀐다. 이는 너에게 덕을 쌓으면 나에게 복이 오는 공의 이치(세상의 진리)를 견문으로 배우고 체험한다면 서서히 다른 사람

들도 복을 받으려고 배우게 되고, 법치주의에서 덕치주의로 세상
이 바뀌며 후손들에게도 밝은 세상을 넘겨 줄 수 있을 것이다.

덕치주의와 법치주의를 공의 도형으로 살펴보면

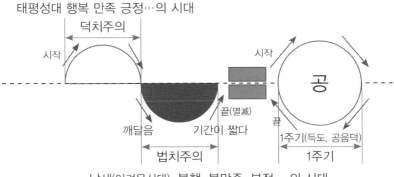

돌아가는 공의 주기의 사례 도형

덕치주의 국민들이나 백성들이 태평성대를 누리는 과거 역사도
있었고 국가들도 있었다. 또한 그 시대의 덕치주의 주기가 있는
반면 다른 시대의 법치주의도 있어 함께 공을 이루며 돌아간다.

현시대는 법치주의가 절정으로 치닫고 있는 것이 아닌가 생각
한다. 이 법치주의를 덕치주의로 변화시켜야 한다고 생각한다. 또
한 어떤 주의가 되든 세상의 공은 돌아갈 것이지만 그 안에 살고
있는 사람들은 피부로 체감을 할 것이다.

덕법주의의 공

이는 덕과 법이 적절한 조화를 이루는 주의를 말한다. 이는 공정한 자리에 있는 공직자가 먼저 잘못의 기준을 알고 올바름으로 덕을 지키고, 국민들에게 이익이 되도록 덕을 쌓으며 국민들의 잘 잘못을 공정하게 현행법에 맞게 처리한다면 모두가 안정을 이룰 수 있을 것이다. 이것이 덕법주의라 할 수 있다.

덕법주의의 공의 도형

공을 이루는 자가 공정하지 않으면 무엇을 바라겠는가?

만약 천지가 공을 이루고 공정하게 하지 않는다면 천지는 멸하고 없을 것이다. 또한 인류도 멸하였을 것이다. 이런 연유로 천지의 공空은 오묘하고 미묘하게 공정한 공空을 이룬다. 이는 신분의 높고, 낮음, 재산의 많고 적음 하고는 아무런 관계가 없다. 이것이 공의 고마움과 은혜라 할 수 있다.

초지일관初志-貫의 공

초지일관이란 "처음 먹은 마음을 한결같이 지닌다."의 뜻으로 자신의 뜻을 이루기 위하여 여러 과정을 거치지만 끝내 뜻을 이루는 것을 말한다. 즉 자신은 굴곡의 과정을 거치지만 마음은 변함없고 한결같이 행하는 것을 말하며, 이는 도를 행하고 있는 것이라 할 수 있다.

초지일관을 공의 도형으로 살펴보면

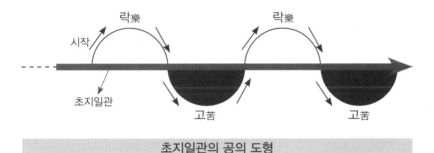

초지일관의 공의 도형

상기의 도형에서와 같이 공의 세상은 돌면서 극과 극의 변화를 이루므로 자신의 의지와는 관계없이 그 굴곡을 걸으며 살아가야 하지만, 깨달음을 얻고 그 굴곡을 변함없는 마음으로 살아간다면 그 삶이 결국 도를 이루는 삶이라 할 수 있다.

제47장

不出戶 知天下
불 출 호 지 천 하

不出戶 知天下 不闚牖 見天道 其出彌遠 其知彌少
불출호 지천하 불규유 견천도 기출미원 기지미소

是以聖人 不 行而知 不見而名 不 爲而成
시이성인 불 행이지 불견이명 불 위이성

집 밖으로 나가지 않아도 천하를 알 수가 있고, 창문 밖을 내다보지 않아도 하늘의 운행을 알 수가 있다. 멀리 나가면 나 갈수록 아는 것은 더 적어진다. 그러므로 성인은 가지 않아도 알고, 보지 않아도 소문으로 깨닫고, 이루려고 하지 않아도 이룬다.

해설 ▷▷ 이 장에서는 음덕을 많이 쌓은 성인의 길[道]을 말한다.

불교에 부처님의 십력十力을 인용하면
부처만이 갖추고 있는 열 가지 지혜의 능력

(1) **처비처지력**處非處智力: 이치에 맞는 것과 맞지 않는 것을 분명히 구별하는 능력

(2) **업이숙지력**業異熟智力: 선악의 행위와 그 과보를 아는 능력

(3) **정려해탈등지등지지력**靜慮解脫等持等至智力: 모든 선정禪定에 능

숙함.

(4) **근상하지력**根上下智力: 중생의 능력이나 소질의 우열을 아는 능력

(5) **종종승해지력**種種勝解智力: 중생의 여러 가지 뛰어난 판단을 아는 능력

(6) **종종계지력**種種界智力: 중생의 여러 가지 근성을 아는 능력

(7) **변취행지력**遍趣行智力: 어떠한 수행으로 어떠한 상태에 이르게 되는지를 아는 능력

(8) **숙주수념지력**宿住隨念智力: 중생의 전생을 기억하는 능력

(9) **사생지력**死生智力: 중생이 죽어 어디에 태어나는지를 아는 능력

(10) **누진지력**漏盡智力: 번뇌를 모두 소멸시키는 능력

보살이 갖추고 있는 열 가지 능력

(1) **직심력**直心力: 모든 현상에 물들지 않는 능력

(2) **심심력**深心力: 부처의 가르침을 깨뜨리지 않는 능력

(3) **방편력**方便力: 중생을 구제하기 위해 그 소질에 따라 모든 수단과 방법을 행하는 능력

(4) **지혜력**智慧力: 중생의 마음과 행위를 아는 능력

(5) **원력**願力: 중생의 소원을 이루게 해주는 능력

(6) **행력**行力: 끊임없이 실천하는 능력

(7) **승력**乘力: 중생에게 가르침을 설하여 깨달음에 이르게 하는 능력

⑻ **유희신통력**遊戱神通力: 자유자재로 중생을 구제하는 능력

⑼ **보리력**菩提力: 깨달을 수 있는 능력

⑽ **전법륜력**轉法輪力: 번뇌를 부수는 가르침을 설할 수 있는 능력

생활의 깨달음을 얻는 길

'인복人福'이 없다고 믿는 사람이 고생을 많이 하여 깨달음을 얻으면 많은 사람들에게 '복福'을 전할 수 있다.

타고난 분수 안에 각자의 고생이 정해져 있다. 보통은 3번(2~4) 정도로 끝나며, 자신의 자리를 잡아 나름의 행복을 느끼면서 나머지 인생을 살아간다. 그러나 5번 정도까지 고생을 하며 살아가는 사람의 경우는 자칫 인생살이를 포기하다시피 할 수 있다. 해도 해도 안 되니 자포자기를 할 수밖에 없는 것이다.

6회 이상 계속 이런 고생을 하게 되면 이런 사람은 수행자의 길을 가야 한다. 왜냐하면 그 사람은 무슨 일을 해도 '무의 세계'에서 제동을 걸어 고생을 시키기 때문에 일이 잘 안 되게 되어 있다. 인류 존재 분포설에 의한 자신의 자리(타고난 분수)이기 때문이다. 이런 사람들은 자포자기를 하지 않고 또 도전한다면 그 고생이 엄청난 경험임을 깨닫게 되고, 더 수행과 정진을 하게 되면 많은 사람들에게 틀림없이 귀감이 될 수 있다.

'공의 법'에 의해 누구나 돌고 있기 때문에 자신이 먼저 많이 돌아보면 그것이 앞서가는 경험이 된다. 이런 연유로 다른 사람들도 돌거나 돌려고 하는 것을 알 수 있는 것이다.

한 번의 고생이란 가진 전 재산 이상을 날리는 것을 말한다.

이런 과정들을 통해 고난을 많이 겪으면 돌아가는 공의 이치를 깨닫게 되고, 이는 누구나 겪고 살아가는 길임을 알게 되므로 **사람의 언행을 보면 그 사람의 돌아오는 복을 알 수 있다.**

깨달음을 얻는 길에 견문은 60%이며, 체험은 100%다.

"행동하지 않으면 깨달음을 얻기도 어려우며 감동을 주기도 어렵다."

"百聞不如一見이며 百見不如一行이다. 고로 萬聞不如一行"

백 번 듣는 것이 한 번 보는 것(견문)보다 못한 것이며, 백 번 보는 것이 한 번 행동하는 것(체험)보다 못하다. 고로 만 번 듣는 것이 한 번 행동하는 것보다 못하다라는 뜻이며 그만큼 몸소 땀흘려 행하지 않으면 얻을 것이 없다.

예를 들어 가진 전 재산이 1억 원이 있는 사람이 있다고 하면 그 사람이 전 재산의 10%인 1,000만 원을 빼앗겨 버리면 억울하겠지만 깨달음은 10%인 0.1번만 깨닫게 된다. 그 사람이 전재산의 50%인 5,000만 원을 빼앗겨 버리면 억울하겠지만 깨달음은 50%인 0.5번, 즉 반만 깨닫게 된다. 그 사람이 전 재산의 100% 이상인 1억 원 이상을 빼앗겨 버리면 억울하겠지만 깨달음은 100%인 1번, 즉 한 번의 깨달음을 얻게 된다.

어느 누가 이런 어려운 길을 가고자 하겠는가?
또한 누가 이런 어려운 길을 견디겠는가?
천지의 명(運命)이 무한 반복을 원한다면 말이다.

이런 연유로 공의 이치를 깨닫는 것이 세상살이에서 가장 중요하다 할 수 있다.

만사 성공은 그것이 깨달음의 길이라도 무한 반복으로 이룰 수 있다.

제48장

爲者日益
위 학 일 익

爲者日益 爲道日損 損之又損 以至於無爲 無爲而無不爲
위 학 일 익 위 도 일 손 손 지 우 손 이 지 어 무 위 무 위 이 무 불 위

取天下 常以無事 及其有事 不足以取天下
취 천 하 상 이 무 사 급 기 유 사 부 족 이 취 천 하

학문은 날마다 이익되기를 바라고, 도는 날마다 비우기를 바란다. 비우고 또 비우면 무위에 이르고, 이는 하려고 한 것이 아닌데 저절로 되게 된다. 천하를 얻으려면 항상 비우고 일을 해야 하며, 만약 일을 욕심으로 하면 천하를 얻기는 어렵게 된다.

해설 ▷▷ 이 장에서는 공의 깨달음을 깨닫고 못 깨닫고 차이를 분별하여 설명한다.

학문은 날마다 이익되기를 바라고, 도는 날마다 비우기를 바란다.

사람은 태어나 누구나 기본 교육을 받는다. 다만 나라별로 조금 다를 뿐 의무 교육을 받고 더 나아가 전문성을 갖추기 위하여 나름의 학문을 배운다. 또한 엄청난 시간들을 배우는 데 노력하고

있다.

왜 공부를 해야 하는가? 답은 하나다. 좋은 집에서 잘 먹고, 잘 입고 남보다 더 잘살고 싶어서가 아니겠는가?

공의 세상은 한때는 갖기 위해 노력해야 하고, 또 한때는 비우는 데 노력해야 죽기 전에 공을 이루고 자신을 소멸시킬 수 있다.

공의 도형으로 살펴보면

갖기 위한 노력＋100점(유소유)

공空

비우기 위한 노력－100점(무소유)

공의 세계의 공점 만점 도형

상기 도형은 공의 원리이지만 공의 순리로 시간에 따라 돌아간다면 갖기 위한 노력은 빼앗겨 무소유로 돌아간다. 반대로 비우는 데 노력하면 시간이 지나면 저절로 갖게 된다. (소유)

이런 연유로 노자는 학學과 도道를 설명하고 있다.

공의 이치는 한쪽이 넘치면 한쪽이 부족하게 되고 잘난 것이 있으면 못난 것이 나타나게 된다. 이런 이치를 안다면 치우치지 않는 원만한 교육을 시켜야 한다.

인간은 세상에 태어날 때부터 공점(O점) 만점에 공점(O점)이 만점 이다.

이것이 인간으로 제대로 살고, 뜻있게 살고, 참답게 살다 가는 것이다. 1점도 필요 없고 100점도 필요 없다.

사람이 만든 100점 만점은 너무나 많은 사람들을 힘들고 괴롭게 만든다. 이 또한 치열하게 살아가야 하는 세상살이의 한 단면이 아닌가?

사람마다 각자의 개성과 장점들이 있기 때문에 꼭 한 가지의 100점만 강요한다면 사회적으로 항상 문제가 발생할 수 있으니 각자의 재능을 보고 능력을 가르치고 행하게 만든다면 그 사람이 살아가는 길이 100점 만점이 아니겠는가? 또한 그 길이 비교 대상 없이 원활하게 살아가는 공점의 인생이 아니겠는가?

공점(O점)의 세상은 100점도, −100점도 없는 공이다. 오래 살고 짧게 사는 것도 똑같은 하나의 공이다. 잘살고 못사는 것도 똑같은 하나의 공이다. 많고 적고도 똑같은 하나의 공이다.

이중성의 공의 세상을 알게 되면 O점이 하나임을 알게 되고 또한 만점임을 알게 되고, 참 가치로 인생을 살았다 할 수 있을 것이다. 중도로 살아가는 것이 '공점 만점'임을 말하고 있다.

또한 공점 만점은 100점과 −100점을 두루 체험한 경우만 깨닫고 이해할 수 있다. "비우고 비우라" 하는 이유가 이런 이치 때문이다.

그러나 이 공점 만점은 갖기 위한 노력과 비우기 위한 노력을 행하는 것을 말하는 것이지 아무런 노력도 하지 않는 것을 말하는 것은 아니다.

만점이란 가득찬 것을 말하며 행복, 최고, 최상을 의미한다.

사람이 살아가는 현상계의 '유의 세계', 즉 우리 사회는 모두 바라는 것이 100점 만점에 100점을 원하고 갈망하며 그것을 목적으로 서로 간에 경쟁을 하며 살아간다. 이 100점을 위해서는 자신의 노력과 인내가 필요하며 그 결과에 따라 자기 중심적으로, 자기 고집적으로 모든 일을 행동하려고 한다. 이것이 너와 조화를 이루지 못하면 서로 불신과 미움, 배반 등으로 너에게 피해를 주게 되며 사회를 혼란스럽게 만드는 원인이 된다. 이 결과로 또한 자신도 때가 되면 피해자가 된다. 결국 자기 자신은 잘 살았다고 할 수 있으나 결코 잘 산 것이 아니며 허무하게 허공으로 돌아갈 것이다.

이렇게 한때는 갖기 위한 노력을 했다면 또 한때는 비우기 위한 노력을 하여야 한다. 이는 −100점을 갖도록 노력하여야 한다는 말이기도 하다. 갖는 것도 노력이 필요하지만 비우는 것 또한 노력이 필요하다. 자신이 가진 점수만큼을 빼는 데 노력하면 진정 뺀 것이 뺀 것이 아니며, 인간으로 세상에 태어나 공점(O점) 만점에 공(O점)의 만점을 맞는 것이니 진정 최고로, 최상으로, 최고의 행복으로 살았다 할 수 있다. 이것을 '진공' 또는 '참공' 또는 '만공'이라 한다.

무위이무불위無爲而無不爲

하려고 한 것이 아닌데 저절로 된 것을 말한다. 생각밖의 성과로 비유할 수 있다.

무위는 '유의 세계'의 자신의 무의식 상태(생각 자체도 안 하고 있는 상태를 말함)이며, 무불위는 '무의 세계'의 뜻이며 생각도 안 하고 있는데 좋은 결과를 얻는 것을 말한다.

깨닫기 전 – 이 말은 세상의 순리巡理 중 순행巡行을 말한다.

이는 '무의 세계'의 인류 존재 분포에 의하여 타고난 분수에 맞게 사람이 자기 자리에 앉는 것을 말한다. 어떤 사람은 죽어라 해도 잘 안 되고 어떤 사람은 쉽게 모든 일이 잘되는 것을 말한다. 여기서는 모든 일이 잘되는 사람을 비유한다. (전생의 공덕 때문) 이 사람은 받은 복이 많아 애써 자신의 복을 만들려 하지 않는다. 타고난 복 있는 자의 '무위이무불위無爲而無不爲'가 된다.

다만, 잘 타고 났다 하여 그 사람이 노력하지 않는 것은 아니다. 또한 더욱 중요한 것은 타고난 복을 떠나 자신이 덕을 쌓아 복을 만든다면 '무위이무불위無爲而無不爲'가 된다. 이는 정해진 자신의 운명과 같은 것이다. – 순행巡行

역사에 남는 모든 영웅(황제, 왕, 정치가, 책략가, 재벌가 등)들도 때에 맞게 환경을 만들어 주어 그 시대에 태어나고 그 시대를 풍미하고 역사 속으로 사라지나 그 명성名聲은 남아 있는 것이다.

예를 들어 꽃으로 보면 1년 중 한때는 꽃이 피고, 또 지나면 꽃이 진다. 벚꽃 나무가 1년 365일 중 10일 정도만 꽃이 피고 그 중에서도 며칠간만 만개(활짝핌)하는 것은 벚꽃 나무가 애써 하려고 한 것이 아니라 세상의 순리에 의해 때가 되었기 때문에 저절로

된 깃이다.

깨닫은 후 – 이 말은 세상의 순리巡理 중 역행易行을 말한다.

깨달음을 얻은 사람은 복을 만들어야 하며 그 노력에 따라 모든 일이 자신의 때에 맞게 '무의 세계'에서 도와주실 것이다. 이것이 깨달은 자의 '무위이무불위無爲而無不爲'가 된다.

이는 만들어 가는 자신의 운명과 같은 것이다. – 역행易行

또한 실제로 '무의 세계'를 믿고 '무의 세계'와 조화(수신＝수행(고행))를 이루도록 노력하면 현실에서도 무위이무불위無爲而無不爲를 체험하게 된다.

이 말과 유사한 것을 현실에서 찾는다면 자신의 분야에서 기술이나 능력이 있는 자는 그 능력을 애쓰며 보이려고 하지 않아도 저절로 그 능력이 드러나는 것이다.

끊임없이 돈을 벌어야 하는가?

끊임없이 돈을 벌어야 하는 것은 끊임없이 돈을 써야 하기 때문이다. 왜 우리는 끊임없이 돈을 벌어야 하고 써야 하는가?

첫째, 인류의 발전을 위하여 – 인간이 알기 어려운 '공의 법' 때문이다. 공의 세계가 돌아가는 것은 기氣 때문이며, 인간도 움직일 수 있는 원동력이 음식(식食)이기 때문이다.

둘째, 의衣, 주住 때문이며 더 나아가 사치를 위해서다. 두 번째에서 마음만 조금 비우면(욕심을 줄인다) 고생을 조금 적게 한다.

두 번째에서 넘치는 경우는 행복이고 부족하면 불행이다. 때로는 의식주를 해결하기가 힘들어 어려움에 처할 때도 있으나 절대로 너에게 피해 주는 일로 해결해서는 안 된다. 이는 자신은 물론 가족, 가정까지 위태롭게 하고 고생으로 되돌아오기 때문이다. 이는 세상살이 공의 세계의 달콤한 유혹이니 넘어가서는 안 된다.

제49장

聖人無常心
성 인 무 상 심

聖人無常心 以百姓心爲心 善者吾善之 不善者吾亦善之 得善
성인무상심 이백성심위심 선자오선지 불선자오역선지 득선

信者吾信之 不信者吾亦信之 得信
신자오신지 불신자오역신지 득신

聖人在天下 歙歙焉 爲天下渾其心
성인재천하 흡흡언 위천하혼기심

百姓皆注其耳目 聖人皆孩之
백성개주기이목 성인개해지

성인은 항상 마음을 비운다. 이는 백성들의 마음을 위하는 마음이다. 선한 사람은 선하게 대해주고 악한 사람도 선하게 대해주니 선으로 득(덕을 얻음)을 얻는다.

믿음이 있는 사람은 믿음으로 대해주고 믿음이 없는 사람도 믿어주니 신으로 득(덕을 얻음)을 얻는다.

천하에 존재하는 성인은 집착 없는 비움으로 천하의 혼탁한 마음을 가르치기 원하고, 백성들의 눈과 귀를 바르게 가르쳐 그들을 모두 어린아이처럼 순수하게 되도록 인도한다.

해설 ▷▷ 이 장에서는 성인이 공음덕을 쌓는 방법을 말한다.

공의 법을 깨닫지 못하였다면 성인은 이 같은 행동을 할 수가 없다. 덕을 쌓으므로 돌아오는 공의 법은 나에게 복을 만들어준다.

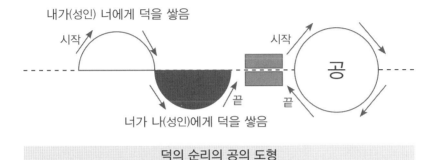

덕의 순리의 공의 도형

너가 나에게 주는 덕德은 자신의 입장에서는 복福이 된다.

무심無心

생명을 갖고 태어난 모든 존재는 생각이 있기 때문에 마음이 있다. 공의 법에 의하여 무심을 행하지 않으면 유심이 생기고 유심이 생기면 욕심이 생기고 욕심이 생기면 자신이 결국 괴로움을 맞이한다. 이런 연유로 마음공부를 많이 해야 함을 성인들께서 말씀하시는 것이다.

인간은 태어났기 때문에 먹고살기 위해서 마음을 비울 수가 없다. 생활에서의 '무심'은 자기에게 피해를 주는 것들을 마음에서 비워야 죄도 짓지 않고 괴롭지도 않고 윤회도 하지 않는다는 것을

의미한다. (제40장의 내 몸의 공을 참조)

피해를 주는 것들이란

자신의 욕심으로 발생한 근심과 걱정, 즉 탐진치 삼독과 너에게 피해를 주는 욕심과 행동, 나의 어리석음으로 너에게 피해를 주는 것 등 생활의 '무심無心'은 배워 실천하면 할 수 있다.

'잘못'이란?

'공의 법'으로 보면 생명력 있는 너에게 최소한 이상의 피해를 주는 것을 '잘못'이라 말하며 그 피해를 주는 크기에 따라 잘못도 달라진다.

이 시대 사람이 잘못을 하고도 잘못을 모르니 개탄할 노릇이며 이를 혼돈의 세상이라 한다. 이는 잘못의 기준을 모르는 천치, 또는 백치인 사람이거나 물질이 풍부해 알면서도 물질로 해결하려는 파렴치한 인간이다. (인비인人非人 ─ 사람인 듯하나 아닌 것을 말함)

물질이 많아지면(풍부해진다) 정신은 작아지는(약해진다) 것이 세상 이치이다. 정신이 약해지고 물질(돈과 권력 등)이 많은 관계로 자신을 위주로 생각하게 되고 더 자신을 위해 살려고 하며, 모든 개개인이 자신을 위주로 생각하니 서로 간에 싸움이 끊이지 않고 서로 모략하고 시기하여 세상은 조용할 날이 없다.

창조주께서 만든 사람뿐만 아니라 만물을 포함한 생명력 있는 존재에게 내가 마음대로 피해를 줘서는 안 되는 것이다. 나도 창조주가 만든 한 존재이지만, 다른 사람 또한 그분이 만든 존재이며 모든 만물 또한 그분이 만든 존재이기 때문에 누구나 함부로 손상을 입히거나 피해를 주어서는 안 된다. 피해를 주면 준 만큼 나에게도 유사한 피해가 꼭 돌아오기 때문이다. 이는 되돌아오는 '공의 법칙' 때문이다.

　　잘못으로 인해 너에게 '피해를 주는 경우'
　　– 사람을 죽이는 경우
　　– 사람에게 상해를 입히는 경우
　　– 사람의 재산을 강제로 갈취하는 경우 (무력, 권력, 강도, 절도 등)
　　– 권력으로 자신의 부를 축적하는 경우 (공공에게 손해를 입히는 경우)
　　– 민주주의 헌법을 어기는 경우 (공공에 피해를 입힌다.)
　　– 공공의 질서를 어기는 경우 (고성방가, 노상방뇨, 무단투기 등)
　　– 개인 질서를 어기는 경우
　　– 자기 위주로만 편하게 논리적으로 살려고 배려를 전혀 하지 않는 경우 (새치기, 차량과 오토바이 굉음, 층간 소음, 주택가 야밤 소란, 도로에 침이나 가래 뱉기, 삐딱한 주차 등)
　　– 다른 사람에게 작은 피해를 주는 경우 (사람을 죽이는 등 큰 잘못을 하는 경우는 바로 눈에 보이게 죗값을 받지만(법의 심판을 받음) 공공 질서, 개인 질서를 어기는 잘못을 하는 경우(습관처럼 한다)는 사회법(헌법)은 피해갈 수 있으나 때가 되면 내가 너로부터 '고통'을 받는 원인이 된다.)

'공의 법'은 죄를 지었으면 지은 대가를 받아야 소멸하게 되어 있다. 이는 한 치의 오차도 없으며 오묘하고 미묘하게 일어나니 사람은 그 되돌아오는 이치를 깨닫기가 쉽지 않다. 이는 '공의 법'에서 '공空의 기氣'가 우리를 항상 보고 듣고 있기 때문이다.

사람은 살면서 알든 모르든, 또는 어리석어 타인에게 죄를 짓게 되어있다. 지난 과거의 잘못을 깨우치고 용서 받는 길은, 우선 자신이 잘못을 시인하고 반성한 다음 상대를 찾거나 인연으로 만나게 되었을 때 지난 과거 잘못을 진심으로 사과하고 용서를 빌면 된다. 또한 물질적 손해를 입혔다면 진심어린 용서의 말과 입힌 손해만큼 보상을 해주면 된다. 이렇게 하는 것이 이전의 잘못을 완전히 소멸시키는 것이다.

어린아이는 12인연법에 의하여 무의 세계에서 무의 세계로 태어나 어느 정도까지는 순수하고 거짓이 없다가 유의 세계에 물들면서(색을 드러냄) 탐진치를 갖게 된다. 어린아이라는 표현은 무의 세계처럼 맑고 깨끗한 순수한 상태를 의미한다.

끌어당김의 법칙의 공空

한때 론다 번(Rhonda Byrne)의 『시크릿(The Secret)』이라는 책이 많은 유명세를 탔는데, 그 책에서도 이 법칙을 이야기하고 있다. 또 유사한 책들에서도 이 법칙을 이야기한다. 왜 이런 책들이 많은 사람들에게 관심을 받으며 많은 사람들이 찾는 것일까?

모두가 바라는 것은 성공이며 부를 누리는 것이다. 또한 많은 사람들이 이 법칙을 따라 실천은 하지만 끝까지 이루지 못하는 사람들도 많이 있어 이 법칙을 거짓이라고 말하는 사람들도 있다. (실제로 시크릿은 론다 번이 일으킨 공이며 공을 이룬 것이라 할 수 있다.)

끌어당김의 법칙이라는 것도 모두 '공空의 법칙法則'을 말하는 것이다. 즉 끌어당김의 법칙을 달리 말하면 '공이 돌아가는 법칙'을 말한다. 즉 돌아가기 때문에 시간이 지나면 무조건 돌아오게 되어 있다. 다만 그 돌아오는 길을 먼저 행하고 기다리고 있으면 되는 것인데, 이것은 어떠한 표현을 해도 같은 뜻이라 할 수 있다.

다만 아무것도 안 했으면 아무것도 올 것이 없고, 무언가 했으면 그만큼 시간이 지나면 무조건 오게 되는 것이 '공의 법칙'이다.

이 법칙(끌어당김의 법칙)이 거짓이라고 한 사람들은 무엇을 얼마만큼 어떻게 행하였고 얼마나 인내심을 갖고 기다렸는가? 그것이 문제가 아니겠는가?

부는 부를, 건강은 건강을, 바라는 것은 바라는 것을….

가난은 가난을, 불행은 불행을, 바라지 않으면 바라지 않는 것을….

공은 유와 무의 조합으로 하나를 이룬다. 끌어당기는 것도 무에서 유로 바라는 것이기 때문에 결국 무에서 유로 자신이 바라는 것이 때가 되면 노력의 결과로 돌아오는 것을 말한다. 그러므로 좋은 일, 행복한 일들을 끌어당기면 무에서 좋은 일, 행복한 일들이 돌아오게 되며 하나의 공을 이루게 된다.

또한 안 좋은 일도 자신은 바라지 않지만 돌아오는 법직(공의 법칙)에 의하여 안 좋은 일로 되돌아오며 하나의 공을 이루어 소멸한다.

공을 일으키는 방법은

첫째, 구하라 – 상상으로 공을 일으켜라.

자신의 뜻을 이루기 위한 첫 시작점이며 무일푼으로 시작할 수 있다. 자신이 성공한 모습을 수시로 머릿속에 그림(상상의 현실)을 그려야 한다.

상상의 크기는 구분이 없으니 자신의 그릇 크기만큼 상상을 하면 된다. 부를 누리는 크기, 건강을 바라는 크기, 성공을 바라는 크기, 바라는 것의 크기는 모두 자신에 맞게 상상으로 공을 일으키면 된다.

실제로 상상의 그림을 어떤 식으로든 무조건 그려라. 또는 글로써 적어라. 이는 공空을 일으킨 것이 되기 때문이다. 또한 정성을 들여 구하도록 노력하여야 한다. 구하려고 노력하는 것도 공功을 들이는 것이다. 노력도 안 하고 받기를 바라는 것은 욕심이며 어리석음이다.

둘째, 믿어라 – 공의 법을 믿어라.

공은 원만히 돌아서 오기 때문이며 창조된 우주도 모두 둥근 공 모양이기 때문이다. 우리가 살아가는 것도 '공의 법'이기 때문이다.

우주의 모양(태양계)이 모두 둥근 것을 보고 세상 이치를 느끼는 것도 세상 진리(공의 이치＝공의 법)를 깨닫는 것이다.

사람은 살아가면서 사람과 부딪치고 이런저런 일들을 겪으며 자연의 섭리 등을 보면서 살아가는 이치를 깨닫는데, 이것은 '유有'로 '공空'을 깨닫기 위한 과정임을 알아야 한다. 실제로 시간과의 싸움이며 자신과의 싸움이다.

자신이 그린 그림이 공을 일으킨 것이 되어 과정에서 오묘하고 미묘하게 자신을 지켜줄 수 있는 끈이 될 수 있다. 실제로 그림을 그린 것과 그리지 않은 것은 차이가 크다. 그 그림 안에 일으킨 공의 기가 존재하고 있기 때문이다.

셋째, 받아라.

공은 돌아서 무조건 오기 때문이다. 다만 그 공이 돌아오는 때를 기다려야 한다.

첫 번째와 두 번째를 계속하다 보면 현실로 다가오는 것을 느끼게 된다. 자신이 바라는 뜻은 이 과정을 통하여 이루어지며 하나의 공을 이룬다.

참고로 앞에 서술한 『운명을 바꾸는 법』에서 서술한 것에 이 세 가지(구하라, 믿어라, 받아라)도 포함되어 있으며, 이는 유동성이 있게 독자 자신이 풀어 나가면 필경 뜻을 이룰 수 있을 것이다.

"구하라, 믿으라, 받아라"도 돌아가는 '공의 법칙'을 알아야 한다.

끌어당김의 법칙을 공의 도형으로 살펴보면

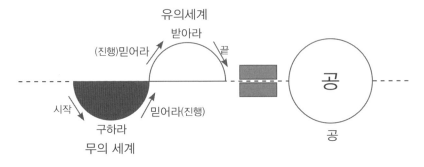

끌어당김의 법칙은 무無에서 유有를 장조하는 것이다.

상기 도형에서와 같이 간절함으로 구하고자 하는 것을 시작으로 하여 그것을 믿고 계속 가다 보면 엇박자의 경계를 넘으면 믿고 간 것이 서서히 윤곽이 나타나며 계속 가다 보면 받게 되어 하나의 공을 이룬다.

끌어당김의 법칙의 공은 내가 유의 세계에 존재하며 간절함으로 필요한 것을 구하고자 하는 것이 '무의 세계'에 바라는 것이 되게 한다. '무의 세계'는 무한이므로 모든 것이 가능하다.

이렇게 무의 세계와 조화를 이룰 때 자신이 바라는 것을 이룰 수 있으며 하나의 공을 이루며(만족) 때가 되면 소멸한다.

실제로 상기의 공의 도형에서 엇박자의 경계에 이르면 오묘하고 미묘하게 자신에게 희망이 오는 것을 느낄 수 있다. 이때부터 계속 공功을 들여 여러 과정을 거쳐야 한다.

그러나 누구나 공을 이루지 못하는 이유는 무엇인가?

첫째, 상상을 포기하기 때문이다.

이는 자신이 처음 상상을 시작한 간절함을 잃었기 때문이다. 실제로 계속 많은 시간을 상상을 유지하기는 어렵다. 이런 연유로 그림이나 글로서 그 기가 유지되도록 하면 시간이 흘러도 문득 교감을 받을 수 있다.

둘째, "믿어라"에서 믿음을 의심한다.

시간적 기다림으로 간절함이 줄어들면서 부정적 생각을 일으키기 때문이다. "믿어라"는 것은 긍적적인 생각으로 천성이 되어야 한다.

셋째. "받아라"를 포기한다.

첫 번째와 두 번째에서 결국 인내와 의지 및 간절함이 부족하면 모든 것이 물거품이 된다. 자신이 실패하는 이유는 이 과정을 통하여 이루어지며 하나의 공을 이루지 못하였기 때문이다.

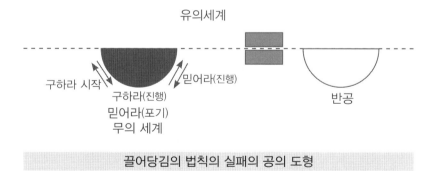

끌어당김의 법칙의 실패의 공의 도형

도형에서 이루지 못한 이유는 포기했기 때문에 되돌아간 상태가 된다. 욕심이 많으면 인내의 시간도 짧아지므로 결국은 포기하게 된다.

참고로, 시작하다가 포기하면 그때까지 한 노력의 '공'을 이룬다. (작아짐) 그러다 여러 번 과정을 겪다 나중에 처음 시작한 길로 가고 있는 경우도 있다.

'공'은 항상 있기 때문에 처음 실패를 본다고 뜻하는 공을 이루지 못하는 것이 아니다. 하다가 포기한 그때까지의 노력의 공은 이루었고 그 다음 공을 또 시작하기 때문이다.

우리가 행하는 모든 것은 크든 작든 항상 공을 이루고 소멸한다. 실패하는 것은 완전한 공을 이루지 못한 결과이며 성공을 하면 공을 이루고 소멸된다.

영원한 성공도 영원한 실패도 없다. – '공의 법'은 불변이다.

'영원한'이란 말도 '무한'을 말하며 이 또한 '공'을 말하는 것이다.

또한 공을 이루는 공의 법은 부정은 부정의 공을, 긍정은 긍정의 공을 이룬다. 부정은 나에게 괴로움이요, 긍정은 나에게 즐거움으로 하나의 공을 이루고 소멸한다.

도서관, 고시원, 독서실, 학원, 현장 같은 곳에서 많은 사람들이 미래의 삶을 위하여 책과 씨름하거나 땀을 흘리는 것도 공을 이루기 위한 과정이다.

어떤 일이든 어려운 환경에서 주경야독을 하며 자신의 꿈을 키우는 것 또한 공을 이루는 과정이다.

제50장

出生入死
출 생 입 사

出生入死 生之徒十有三 死之徒十有三 人之生 動之死地
출생입사 생지도십유삼 사지도십유삼 인지생 동지사지

亦十有三 夫何故 以其生生之厚
역십유삼 부하고 이기생생지후

蓋聞善攝生者 陸行不遇兕虎 入軍不被甲兵 兕无所投其角
개문선섭생자 육행불우시호 입군불피갑병 시무소투기각

虎无所措其爪 兵無所用其刃 夫何故 以其無死地
호무소조기조 병무소용기인 부하고 이기무사지

태어나 죽을 때까지 생(잘됨 - 행복)하는 것은 열 번(10) 중 세 번(3)이
고 사(잘 안 됨 - 불행)하는 것도 열 번(10) 중 세 번(3)이다. 사람이 살
려고(생) 움직이면 사지로 가는 것이며 이 또한 열 번 중 세 번을
겪는 것은 살려고 하는 마음이 많기 때문이다.

이것에서 벗어나는 사람은 선(덕)을 행하는 자(수신자)이며, 이런 사
람은 육지를 걸어갈 때 외뿔소나 호랑이로부터 피해를 입지 않고
전쟁터에서도 죽거나 부상을 당하지 않는다. 그런 사람에게 외뿔
소는 그 뿔을 쓸 수가 없고, 호랑이는 그 발톱을 쓸 수가 없고, 적
병도 예리한 무기를 사용할 수 없다. 왜 그런가 하면 그(선덕을 쌓은

사람)는 사지에서 벗어날 수 있기 때문이다.

해설 ▷▷ 이 장에서는 누구나 살아가는 공의 순리를 말하고 그에서 벗어나는 길은 덕(선)을 쌓는 것이며, 이렇게 행하는 자는 무의 세계로부터 보호를 받아 무탈할 수 있음을 말한다.

내용 중 생生은 태어난다는 뜻도 있지만 살아가면서 생기는 것, 만족, 행복 등으로 표현할 수 있고, 사死는 죽는다는 뜻도 있지만 살아가면서 소멸하는 것, 불만족, 불행 등으로 표현할 수 있다.

예를 들어 '죽을 만큼 힘든다'라는 표현도 사死라고 할 수 있다. 그러므로 계속 생(행복, 갖고 싶은 것), 즉 욕심만 계속 생기게 되면 그것은 곧 사(불행, 빼앗기는 것)로 변하게 된다.

"인생에 3번의 기회가 온다"의 공

학술적으로 사람이 성공을 위해서는 평균적으로 2~3번의 실패와 시련 등을 거쳐 성공으로 이어진다고 한다. 이 말을 다르게 표현한다면 2~3번까지는 기회이면서 기회가 아닌 것이 된다. 사람이 기회라고 믿고 성공할 것이라고 나름은 확신을 하고 도전하지만 세상은 자신의 확신만으로는 성공을 이루지 못한다. 실패가 기회, 기회가 실패로 돌아가 하나의 엇박자인 공의 세계를 경험하게 되며 그 과정을 2~3번 정도 경험한 후 성공을 이룬다. 결국 "인생에 3번의 기회가 온다는 것은 2번의 실패 후 마지막 한 번이 성공을 이루는 것이다"라고 할 수 있다. 인생은 한 번뿐이다.

공의 도형으로 살펴보면

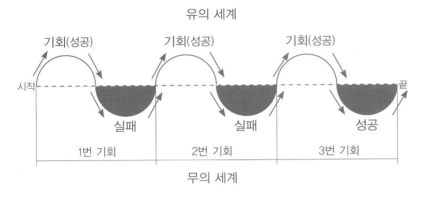

유의 세계

기회(성공)　　　기회(성공)　　　기회(성공)

시작

실패　　　　　　실패　　　　　　성공

1번 기회　　　　2번 기회　　　　3번 기회

무의 세계

"인생에 3번의 기회가 온다"의 공의 도형

기회를 갖는 것은 타고난 자신의 분수 안에 있겠지만 이 분수를 넘어 노력과 정성을 들인다면 그 돌아오는 3번째 기회가 어찌 똑같다 할 수 있겠는가?

실제로 많은 사람들이 어느 때 좋은 일이 생기거나 생길 것 같고 또한 잘될 것 같을 때, 즉 자신의 눈에는 성공으로 보일 때가 기회라고 생각할 수는 있지만, 심사숙고하여 마음이 앞서기보다는 주위의 자문을 많이 받는 것이 중요하다.

창업이나 사업, 업종 전환 등 무슨 일을 하려고 할 때는 항상 보이지 않는 세상, 즉 '무의 세계'가 항상 50%가 있으니 심사숙고하여 조심조심 꼼꼼히 챙기고 근심을 하여야 후일에 실패로 인한 괴로운 일들을 겪지 않는다. 또한 가는 길이 맞는지를 살피고 주위 사람들의 조언도 귀담아 들어야 한다.

현실에서 많은 사람들이 창업을 하여 실패를 보는 경우가 많기 때문에 도전한 많은 사람들이 힘들어 하는 것이 현실이다. 이는 준비 과정의 부족이나 욕심 또는 세상살이를 쉽게 생각한 무지無知에서 일어난 것이며, 이 또한 보이지 않는 세상(무의 세계)의 50%가 존재하기 때문이다. 이는 자신의 공을 이루지 못한 결과라 할 수 있다.

　이렇게 공을 채우기 위해서는 자신의 노력과 공덕으로 채우도록 노력을 하여야 과정에서 시련은 있어도 실패는 없을 것이다.

　참고로, 한 번의 실패를 만회하는 것은 많은 시간과 돈이 들어가야 한다. 특히 대출이나 돈을 빌려서 하는 경우는 더욱 조심하여야 하는데, 만회하는 데 많은 인내의 시간과 고생이 있기 때문이다. 그러나 실패 자체도 시련이라고 생각하며 끝까지 책임을 지겠다는 의지가 있다면 이 또한 공을 키우는 과정이니 후일 이 사람은 꼭 성공으로 자신의 공을 만들 것이다.

　현대그룹의 창업주 정주영 회장의 저서 『시련은 있어도 실패는 없다』라는 말과 같이 누구나 실패를 두려워하지 말고 끝없는 도전을 한다면 후일에 실패의 과정들이 복(성공)으로 돌아오며 모두의 귀감이 될 것이다.

　자신의 실패를 내 탓으로 돌리며 끝까지 책임을 지겠다는 의지는 실패가 아닌 시련이지만, 그 실패에 대해 남 탓을 하거나 무책임한 것은 인생에서의 진정한 실패자라 할 수 있다. 이 의지의 차이는 극과 극을 이룬다. 끝없는 실패의 시련은 누구도 가보지 않은 가장 소중하고 존귀한 경험의 길이 될 수 있다.

모든 사람은 도道의 길을 걸어가고 있다. 공 안에 존재하는 한은 의무의 길이기 때문에 길을 가야 한다.

도道는 특별한 사람만 가는 길이 아니고 누구나 가는 길이다. 다만 돌아가는 길(공이 돌아가는 길)은 누구나 가야 하기 때문에 유심히 관심 있게 보고, 듣고, 체험한다면 누구보다 좋은 길을 갈 수 있다. 심도 있게 자신이 가야 할 길을 찾는다면 서서히 오묘하고 미묘하게 자신에게 길이 열릴 것이다.

공의 법은 돌아오는 시간이 필요하니 덕德(너에게 도움이 되는 일들) 쌓는 일에서 포기하지 말기 바란다. 과정에서는 마魔(마귀)가 끼어들 수도 있지만 꼭 인내로 정진한다면 뜻한 바는 반드시 돌아올 것이다.

급격하게 발전한 정보화 시대로 언론, 정보 등이 무분별하게 지상 매체를 통하여 지구촌에 노출되고 있는데, 진정 무엇이 참이고 거짓인지, 무엇을 믿고 무엇을 믿지 않아야 하는지 알기 어려워졌다. 수많은 유언비어가 난무하므로 내가 중심을 찾기가 쉽지 않은 게 현실이다. 내가 중심을 잡지 못하면 내가 피해자가 될 수도 있다.

필자는 개인적으로 고생하는 모든 사람은 누구나 그 고생의 대가를 받아야 한다고 생각한다.

선을 행하는 자. 이런 사람은 육지를 걸어갈 때 외뿔소나 호랑이로부터 피해를 입지 않고 전쟁터에서도 죽거나 부상을 당하지 않는다. 그런 사람에게 외뿔소는 그 뿔을 쓸 수가 없고, 호랑이는 그 발톱을 쓸 수가 없고, 적병도 예리한 무기를 사용할 수 없다.

상기의 내용들은 많은 고생이나 고행으로 깨닫지 않으면 이해하기가 어려운 내용이다. 불교의 금강경이나 많은 경들에서 다음과 같은 글귀가 나온다.

선자(善者)에 대하여 금강반야바라밀경 선현기청분 제이善現起請分 第二를 인용하면

時 長老須菩提 在大衆中 卽從座起
시 장로수보리 재대중중 즉종좌기

偏袒右肩 右膝着地 合掌恭敬
편단우견 우슬착지 합장공경

而白佛言 希有世尊 如來 善護念諸菩薩
이백불언 희유세존 여래 선호념제보살

善付囑諸菩薩 世尊 善男子
선부촉제보살 세존 선남자

善女人 發阿耨多羅三藐三菩提心
선여인 발아뇩다라삼먁삼보리심

應云何住 云何降伏基心 佛言 善哉
응 운 하 주 운 하 항 복 기 심 불 언 선 재

善哉 須菩提 如汝所說 如來
선 재 수 보 리 여 여 소 설 여 래

善護念諸菩薩 善付囑諸菩薩 汝今諦聽
선 호 념 제 보 살 선 부 촉 제 보 살 여 금 제 청

當爲汝說 善男子善女人
당 위 여 설 선 남 자 선 여 인

發阿耨多羅三藐三菩提心 應如是住 如是
발 아 뇩 다 라 삼 먁 삼 보 리 심 응 여 시 주 여 시

降伏其心 唯然 世尊 願樂欲聞
항 복 기 심 유 연 세 존 원 요 욕 문

이때 장로 수보리가 대중 속에 있다가 곧 자리에서 일어나 오른쪽 어깨에 가사를 걷어올리고, 오른쪽 무릎을 땅에 대며 합장하여 공경하며, 부처님 전에 사뢰어 말씀드리되, 희유하옵니다 세존이시여! 여래께옵서는 모든 보살을 선호념하시며, 모든 보살을 선부촉하시옵니다. 세존이시여, 선남자 선여인이 아뇩다라샴막삼보리심을 발하였다면 응당 어떻게 살아야 하며, 어떻게 그 마음을 항복해야 하옵니까? 부처님께서 말씀하시되, 착하고 착하다, 수보리야. 네가 말한 바와 같이 여래는 모든 보살을 선호념하며, 모든 보살을 선부촉하느니라.

너는 이제 살피어 들을지니라. 마땅히 너를 위해 설하리라. 선남자

선여인이 아뇩다라샴막삼보리심을 발하였다면 응당 바르게 살아야 하며, 이와 같이 마음도 항복해야 하느니라. 오직 그렇게 하겠사옵니다. 세존이시여. 원하오니 기쁨 속에 기꺼이 듣고자 하옵니다.

여기서 선남자 선여인는 내용 중 선섭생자善攝生者라 할 수 있고 여래如來는 공空을 뜻하는 부처님(佛)을 의미하며, 선호념 선부촉은 여래께서 보호를 해주신다는 뜻이다.

아뇩다라샴막삼보리심은 공空의 깨달음을 얻겠다는 마음이며 그 깨달음을 발하였다는 것은 곧 공덕(공음덕과 공양덕)을 쌓겠다는 뜻이 된다.

공이 돌아가는 주기週期

공의 도형으로 살펴보면

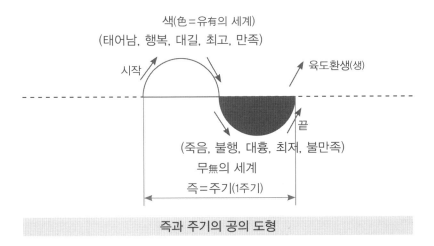

즉과 주기의 공의 도형

상기 도형 중 태어남과 숙음, 행복과 불행, 대길과 대흉, 최고와 최저, 최선과 최악, 만족과 불만족 등이 공을 이루는 주기가 현상에 따라 각각 다르게 나타난다.

상기 도형에서 공은 상대적 엇박자로 돌아가기 때문에 태어나면 죽고 죽으면 다시 업에 따라 육도 환생을 하는 것이다. 이렇게 계속 공 안에서 돌아가고 있기 때문에 중생은 공 안에서 벗어날 수 없다고 하신 것이다. 또한 살아가면서도 행복할 때 있으면 불행할 때 있고, 만사가 잘 풀릴 때 있으면 이유도 모르고 잘 안 풀릴 때가 있는 것이다. 이는 누구도 예외가 없이 겪어야 하는 과정이며 잘났든 못났든, 많이 배우든 못 배우든 모두 겪어야 한다.

많은 보살이나 각 종교의 신도들 또한 살아가면서 겪는 고에서 벗어나고자 나름의 신神을 믿는다. 이렇게 공이 돌아가는 과정 중 안 좋은 현상이 일어날 때는 중생이 무의 세계에 있는 것으로 간주하는데, 이때가 사람들이 괴로워하는 시기이며, 이를 전체적으로 고꿈(괴로울 고)라 말할 수 있다. 행복할 때만 있다면 부처님께서 사성제를 설하실 이유가 없다. 또한 불교도 깨달음도 있을 이유가 없다.

'즉卽'은 한자로 뜻풀이하면 '곧 즉'으로 시간 개념을 말한다. 현재의 자신이 역易으로 반대의 입장으로 바뀌게 되며 이렇게 하나의 주기를 이루며 공을 이룬다.

이렇게 엇박자의 입장으로 하나의 공을 이루는 상태를 '1주기'라 할 수 있으며, 이 주기의 종류로는 일상의 공의 주기가 있고 일생의 주기가 있으며 크게는 우주의 공의 주기가 있다.

일상의 공의 주기 – 내가 살아가는 동안 일어나는 공. (돌아오는 주기가 짧고 수시로 일어났다 소멸한다.) 나에게 일어나는 좋은 일과 안 좋은 일, 또는 안 좋은 일과 좋은 일이 하나의 공을 이루고 소멸한다.

예를 들어 너에게 좋은 일을 했다면 시간의 흐름에 따라 나에게 좋은 일이 오게 되는데, 이것으로 하나의 공을 이루며 그 좋은 일은 소멸된다. 또는 너에게 안 좋은 일을 했다면 시간이 흐름에 따라 나에게 안 좋은 일이 오게 되는데, 이것으로 하나의 공을 이루며 안 좋은 일은 소멸된다.

일생의 공의 주기 – 나의 생(태어남)과 사(죽음)의 공. (주기가 사람마다 조금 다르다.) 내가 태어나고 죽고 다시 태어나는 것을 반복하는 윤회의 공이다.

우주(세상)의 공의 주기 – 우주의 창조와 멸망의 공. (주기가 길어 알 수 없다.) 창조된 우주(세상)의 생과 멸의 공이다.

우주의 공은 인력으로 어찌할 수 없는 공이지만 일상의 공으로 행동하기에 따라 돌아오는 주기도 다르게 되며 일생의 공의 주기도 다르게 만들 수 있다.

일상의 공의 크기와 주기

– 하도(미세하게 일어나는 공)의 공: 사소하게 일어났다 소멸되는 공으로 작은 공(미세한 공)을 이룬다.

– 중도(중간 정도로 일어나는 공)의 공: 중간 정도로 일어났다 소멸되는 공으로 중간 정도의 공을 이룬다. 예를 들어 헌법에 위반되어 범칙금을 받는 정도를 말한다.

– 상도(심하게 일어나는 공)의 공: 크게 일어났다 소멸되는 공으로 큰 공을 이룬다. 예를 들어 헌법에 위반되어 교도소에 입소하여 대가를 받는 정도를 말한다. 작게는 몇 개월에서 크게는 무기 징역과 사형으로 공을 이루며 소멸한다. 이와 반대로 좋은 일도 같은 크기의 공을 이루며 소멸한다.

일생의 공의 크기와 주기

– 단명을 하는 공과 장수를 하는 공

– 복 많은 공과 복 없는 공

전생의 업으로 공의 크기가 다르게 나타난다. 예를 들어 큰 그릇이니 작은 그릇이니 하는 것도 일생의 공의 크기 때문이다.

마음의 중심을 어떻게 잡아야 하는가?

마음이 중심을 잡으려면 체험을 많이 해보아야 한다.

체험이란 견문이나 지식을 습득하는 과정을 행동으로 무한 반복으로 행하여야 한다.

무한 반복이란 근면해야 한다.

근면이란 자신의 타고난 성품이다.

성품이란 자신의 마음먹기에 따라 변할 수 있다.

그 변하는 마음이 중심이니 그 마음을 체험으로 잡는 것이다.

마음을 바꾼다는 것은 종이 한 장 뒤집듯 쉬울 수도 있고, 천근만 근처럼 무거울 수도 있다.

제51장

道生之
도 생 지

道生之 德畜之 物形之 勢成之 是以萬物莫不尊道而貴德
도생지 덕축지 물형지 세성지 시이만물막부존도이귀덕

道之尊 德之貴 夫莫之命而常自然 故道生之 德畜之 長之育之
도지존 덕지귀 부막지명이상자연 고도생지 덕축지 장지육지

亭之毒之 養之覆之 生而不有 爲而不恃 長而不宰 是謂玄德
정지독지 양지복지 생이불유 위이불시 장이불재 시위현덕

도는 만물을 생기게 하고 덕은 만물을 기르기에 만물이 형체가 갖춰지고 왕성해진다. 그러므로 만물이 도를 존경하지 않는 것이 없고 덕을 귀하게 여기지 않는 것이 없다.

도를 존경하고 덕을 귀하게 여기는 것은 누가 명한 것이 아니고 항상 자연스럽게 되기 때문이다. 고로 도는 만물을 생기게 하고, 덕은 만물을 기르기에 오랫동안 자라게 하고 독이 없이 자라게 하며 쓰러져도 다시 일으켜준다. 낳아주지만 소유하지 않고, 위하지만 의지하지 않고 항상 지배하지 않는다. 이것을 현덕이라 한다.

해설 ▷▷ 이 장에서는 돌아가는 공의 세계의 도와 덕을 설명하고 있다. (제38장의 도와 덕을 참조)

전기에는 극성이 있다(가칭 '+'와 '-'라고 정의한다).

모두가 사용하는 전기는 교류 전기다. 한전(한국전력공사)에서 공급하는 모든 전기는 이 두 극성이 적당한 거리에 있을 때 우리에게 고마운 존재가 된다.

예를 들어 공장에 기계를 돌리게 하여 돈을 벌게 하고, 더울 때 시원하게 에어컨을 돌리게 하고, 겨울에 난방 히터를 통하여 따뜻하게 하고, 밤에는 불(조명)을 밝혀 어둠을 사라지게 하고, 장사하는 집에 돈을 벌게 하며 우리의 생활을 편하게 만들어 준다. 이와 같이 전기가 없으면 살 수가 없을 정도로 전기는 세상에 고마운 존재다.

그러나 이 둘(극과 극, +, -)이 서로 간섭하면 다르다. (전기는 극과 극이기 때문에 적당한 간격을 지킨다.)

간섭하는 그 순간 천 도가 넘는 화마로 돌변하며 감전 시 인명에 치명상을 입힐 수 있고, 화재로 인한 인명 피해, 재산 피해를 줄 수 있다. 엄청난 재앙으로 돌아온다.

이와 같이 우리의 인생살이에도 상대에게 지나친 간섭은 전기의 간섭과 같다. 이는 부부 사이에도, 부모 자식 사이에도, 형제자매 시이에도, 이웃 사이에도, 신후배 사이에도, 노사 사이에노, 남녀 사이에도, 친구 사이에도, 장유 사이에도 마찬가지다. 심한 간섭은 서로에게 감정을 건드리는 원인이 되기 때문이다. 간섭으로 감정이 폭발하면 일순간 어떤 일이 벌어질지 모르는 일이다.

이런 연유로 자신이 처한 위치에서 적절히 상대를 간섭하여야 서로 조화를 이룰 수 있다. 즉 상대의 상황을 보고 정도껏 해야 한다.

어머니의 현덕

낳실제 괴로움 다 잊으시고
기를 제 밤낮으로 애쓰는 마음
진자리 마른자리 갈아 뉘시며
손발이 다닳도록 고생하시네
하늘 아래 그 무엇이 넓다 하리요
어머님의 희생은 가이 없어라

이런 연유로 부모님 은혜를 항상 고맙게 생각하고 고생하신 부모님의 명성에 누가 되지 않도록 조심하게 행동하여야 한다.

참고로, 불교의 윤회법에 의하여 부모님에게 불효하는 자식은 자신도 후에 똑같이 불효를 당하게 된다.

부모가 자신을 사랑하는 것은 당연하다. 그러나 부모님을 등한시하고 자식을 위한다면 그 자식도 자기 자식만 위하고 결국 부모인 나에게 등한시하는 것과 같다. 결국 내가 나중에 자식들에게 대우 받으려면 현재 내가 부모에게 대우를 해주어야 한다. 이는 불변의 돌아오는 공의 이치이기 때문이다.

"훌륭하다" 이를 행하는 자는 성인의 경지가 아니겠는가?

타고남 안에서 죽을 때까지 살아가는 것을 순리巡理라 하며 누구나 그렇게 살아간다. 그러나 순리를 알고 역행을 한다면 그 사람을 훌륭하다 한다.

부모에게 지극정성으로 효도 공양한다면 이는 역행을 행하는 것이니 훌륭하다 한다.

남편이 외간 여자에게 빠지지 않는다면 이는 역행을 행하는 것이니 훌륭하다 한다.

부모가 자기 자식만 귀하게 보지 않고 남의 자식들도 귀하게 본다면 이는 역행을 행하는 것이니 훌륭하다 한다.

인생길에서 때가 되어 순리에 벗어나 재도전한다면 이는 역행을 행하는 것이니 훌륭하다 한다.

사람이 내 것만 소중하게 여기지 않고 남의 것도 소중하게 여긴다면 이는 역행을 행하는 것이니 훌륭하다 한다.

사람이 내 목숨만 소중히 여기지 않고 남의 목숨도 소중히 여긴다면 이는 역행을 행하는 것이니 훌륭하다 한다.

이 제51장에서 말하는 공의 현덕을 항상 진심으로 고맙게 생각한다면 그 은혜는 가히 끝이 없을 것이다.

(상권 2장 85p '공이 우리에게 주는 은혜 – 현덕' 참조)

일이 성사 되어도 고맙고 성사 되지 않아도 고맙다.

이 뜻의 깊이를 깨닫는다면 그대는 현자라 할 수 있다.

진정 변하지 않는 배려란?

본인 외 모든 사람, 더 나아가 생명력 있는 모든 존재(동물과 식물…)를 이해하는 것

진정한 배려는

– 자비심으로 상대를 배려하는 것

– 사랑심으로 상대를 배려하는 것

– 많은 사람으로 인하여 고생을 많이 하고 깨달음을 얻어 뒤에 상대의 입장을 알아 배려하는 것이다. (일상의 사람은 여건과 환경에 따라 행하기는 어려울 수도 있다.)

생활에서 배려는 관계하는 사람의 성품에 맞게 처신과 대우를 적절히 해주어야 한다. 반대로 자신의 성품에 맞게 상대를 상대하면 이것은 배려가 아니라 오히려 괴롭히는 것이 될 수도 있으며, 더한 경우 인연이 끝날 수도 있다.

제52장

天下有始
천 하 유 시

天下有始 以爲天下母 旣得其母 以知其子 旣知其者
천 하 유 시 이 위 천 하 모 기 득 기 모 이 지 기 자 기 지 기 자

復守其母 沒身不殆
복 수 기 모 몰 신 불 태

塞其兌 閉其門 終身不勤 開其兌 濟其事 終身不救
색 기 태 폐 기 문 종 신 불 근 개 기 태 제 기 사 종 신 불 구

見小曰明 守柔曰强 用其光 復歸其明 無遺身殃 是爲襲常
견 소 왈 명 수 유 왈 강 용 기 광 복 귀 기 명 무 유 신 앙 시 위 습 상

천하(공의 세계)의 시작은 유의 세계다. 그것은 천하의 어머니라 할 수 있다. 이미 그 어머니를 얻었으니 그 자식을 알 수 있다. 이것을 알고 있는 자는 다시 돌아가 어머니를 지킬 수 있으면 위태로움에 빠지지 않는다.

기쁨(락-욕망)을 막고 문을 닫아야 평생 고생하지 않고, 기쁨(락-욕망)을 열고 일들을 벌리면 평생 구원 받지 못한다.

미세한 것을 볼 수 있다면 그것을 '명明(지혜의 밝음)'이라 하고, 부드러움을 지킬 수 있다면 그것을 '강强(수신했음)'이라 한다. 이것을 이용하면 빛날 것이며 돌아가는 그것(공)을 깨닫게 되면(밝음, 明) 재앙

이 자신에게 끼치지 않는다. 이것을 항상 습관 서림(익힘) 해야 한다.

해설 ▷▷ 이 장에서는 공의 세계 중 색계인 유의 세계를 만물의 모(어머니)라고 표현하고, 공의 순리를 절제하고 지켜 나간다면 일생이 무난함을 설명한다. 그것이 천성이 되도록 행하여야 평생 무난하다고 말한다.

천하(공의 세계)의 시작은 유의 세계다. 그것은 천하의 어머니라 할 수 있다. 이미 그 어머니를 얻었으니 그 자식을 알 수 있다. 이것을 알고 있는 자는 다시 돌아가 어머니를 지킬 수 있으면 위태로움에 빠지지 않는다. (상기 내용은 제1장을 참조)

유의 세계 안에 모든 중생과 만물이 존재하기 때문에 어머니라고 말한다. 유의 세계가 없다면 노자도 없고, 조상도 없고, 나도 없고, 너도 없는 것이다. 모든 중생과 만물을 노자는 자식으로 보며 자식들은 살고 있는 것을 항상 고맙게 생각하고 행동한다면 위태로움에서 벗어날 수 있다고 말한다.

기쁨(락-욕망)을 막고 문을 닫아야 평생 고생하지 않고, 기쁨(락-욕망)을 열고 일들을 벌리면 평생 구원 받지 못한다.

미세한 것을 볼 수 있다면 그것을 '명明(지혜의 밝음)'이라 하고, 부드러움을 지킬 수 있다면 그것을 '강强(수신했음)'이라 한다. 이것을 이용하면 빛날 것이며 돌아가는 그것(공)을 깨닫게 되면(밝음, 明) 재앙이 자신에게 끼치지 않는다. 이것을

항상 습관처럼(익힘) 해야 한다.

상기 내용은 공의 순리 중 기쁨은 시간이 지나면 괴로움으로 돌아오고 부드러움은 굳음(딱딱함)으로 변한다는 것을 말한다. 이렇게 미묘하게 돌아가는 공의 세계를 관하여 살펴 깨닫는다면 그것을 '밝음'이라 하고 그 깨달음을 지켜나간다면 그것을 수신한 것이라 할 수 있다. 그 수신으로 돌아가는 세상 이치를 알 수 있기 때문이다.

참고로 불교 최고의 경전인 반야심경의 내용 중 다음과 같은 내용이 있다.

마하반야바라밀다심경

관자재보살 행심반야바라밀다시 조견오온개공 도일체고액 / 1단계

사리자 색불이공 공불이색 색즉시공 공즉시색 수상행식 역부여시 / 2단계

사리자 시제법공상 불생불멸 불구부정 부증불감 시고공중무색 무수상행식 무안이비설신의 무색성향미촉법 무안계 버지 무의식계 무무명 역무무명진 버지 무노사 역무노사진 무고집멸도 무지역 무득 / 3단계

이무소득고 보리살타 의반야바라밀다고 심무가애 무가애고 무유 공포 원리전도몽상 구경열반 삼세제불 의반야바라밀다고 득아뇩 다라삼먁삼보리 / 4단계

고지 반야바라밀다 시대신주 시대명주 시무상주 시무등등주 능제 일체고 진실불허 고설반야바라밀다주 즉설주왈 / 5단계

6단계의 내용 중 시작인 첫 단계에 관자재보살이 먼저 나온다.

觀自在菩薩 行深般若波羅蜜多時 照見五蘊皆空 度一切苦厄
관 자 재 보 살 행 심 반 야 바 라 밀 다 시 조 견 오 온 개 공 도 일 체 고 액

관자재보살란 무엇인가?

관은 볼 관觀으로 본다는 것이다. 자재는 자유자재로 보면 되고 보살은 깨달음을 얻는 보살을 말한다.

결국 보살이 만사를 많이 관심 있게 유심히 많은 세월을 지켜 보아야 알 수 있는 것이 노자가 말한 명明이고 강강强强이라 할 수 있다. (참고로 반야심경의 깊은 뜻 『반야심경과 사성제의 공』으로 차후 출판 예정임)

괴로운 삶(고苦)에서 벗어나는 참회(회개)

살아가면서 끝이 보이지 않는 괴로운 일들이 일어난다면 이는 모두 내 탓이며 과거 나로 인하여 일어난 예견된 일이다. 다만 그 이치를 모르고 나만 보고 살아온 무지의 결과라 할 수 있다. 이렇게 앞이 보이지 않는 괴로운 길에서 벗어나고자 한다면 제일 먼저 '무의 세계'의 부처님께 살려 달라고 진정한 참회를 행하여야 하며 고행으로써 공음덕을 쌓아야 한다. 이는 내 몸 안에 쌓였던 독기가 빠져 나가도록 하는 것이다. 이 고행을 행하고 있으면 서서히 과거의 업이 소멸될 것이다.

참회는 자신의 과거, 현재의 삶의 잘못을 뉘우치고 고치는 것을 말한다.

참회 기도 수행은 자신의 타고난 분수를 바꿀 수 있는 시작 단계임을 알아야 한다. 불자佛者나 신도信徒들이 기도 수행을 통하여 가피加被를 받는 것을 관심 있게 살펴보면 많이 있다. 또한 은혜를 입은 신도는 평생을 모시는 분(종료에서 믿는 신神)과 함께 한다.

참회 기도는 세 단계로 나눈다.

첫 번째는 전생 참회 기도 수행을 하여야 한다.

두 번째는 현생 참회 기도 수행을 하여야 한다.

세 번째는 공덕 기도 수행을 하여야 한다.

참고로, 참회 기도를 시작하면 3단계가 모두 기도 수행이 되어 많은 수행을 하기 전에는 구분하기 어렵다. 하지만 참회 기도의 시작으로부터 서서히 운명이 달라지기 시작한다.

첫 번째, 전생 참회 기도 수행

인간이 살면서 자신의 뜻대로 모든 일이 잘되면 좋으나 그렇치 못하게 되어 있으니 어찌할 수 없다. 하지만 방법은 있으니 그 방법의 시작은 전생 참회 기도라 할 수 있다. 어떤 사람은 내가 왜 참회를 해야 하는데 하고 생각한다면 그때는 안 해도 된다. 다만 진정 내가 살아가는 게 너무 고통스럽고 힘들 때 그때 해도 된다. (이런 경우 소 잃고 외양간 고치는 것과 같이 조금 늦은 감이 있다. 왜냐하면 모르고 안 했던 지나간 세월이 아깝기 때문이다.)

　고집이 강하여 그때도 하지 않는다면 끝까지 고통스러운 날을 보내다 한 세상을 뜻 없이 마칠 수도 있다. 이 또한 자신의 분수며 운명이기 때문이다.

　참회를 시작으로 전생의 업이 소멸되며 그때부터 자신의 운명이 달라지기 시작한다.

　공의 도형으로 살펴보면

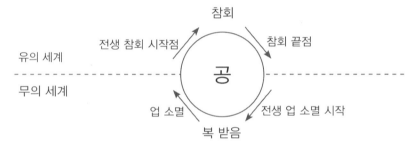

전생 참회의 공의 도형

　참회의 시작은 나는 착하고 바르게 산다고 살았는데 그런데도 내가 사는 게 내 뜻대로 안 될 때 시작을 하게 된다.

　처음 참회는 전생의 참회로 시작하는데, 진심된 마음으로 참회를 계속하다 보면 눈물이 마를 때가 있으니 그때가 전생의 참회가 소멸될 때이다. 왜냐하면 전생을 나는 볼 수 없으며 느낄 수도 없기 때문에 진심 다한 참회는 눈물로 대변되기 때문이다. 이렇게 전생의 업을 참회로 시작하면 동시에 전생의 업도 소멸을 시작하여 서로가 하나의 공을 이룰 때 전생의 업은 소멸되고 자신의 인생이 달라지기 시작한다.

실제로 해보면 오묘하고 미묘한 일들이 일어나며 고마움을 얻을 것이다.

내 흘리는 참 눈물은 진정한 보배다.

두 번째, 현생 참회 기도 수행

내가 살아가면서 너에게 알든 모르든 피해를 주고 살아간다. 이것은 하나의 공으로 이루어져 있어 너에게 준 피해가 나에게 피해를 주어 일이 내 뜻대로 안 되고, 하는 일이 막히고 때로는 견디기 힘든 시련을 맞는다. 하지만 방법은 있으니 그 방법의 시작은 현생 참회 기도라 할 수 있다.

어떤 사람은 "내가 왜 참회를 해야 하는가?", 또는 "내가 뭘 잘못했는데…" 하고 생각한다면 그때는 안 해도 된다. 다만 진정 내가 사는 게 너무 고통스럽고 힘들 때, 하는 일마다 꼬일 때 그때 시작해도 된다.

그 이유는 내가 일으킨 현생의 업을 참회로 하나의 공을 이루어 소멸시켜야 하기 때문이다. 참회를 시작으로 현생의 업이 소멸되면 그때부터 자신의 운명이 달라지기 시작하기 때문이다.

현행 참회 기도는 자신의 과오, 단점, 잘못된 성격 등으로 너에게 피해를 주는 모든 것을 반성하는 것을 포함하며, 더 나아가 너에게 좋은 나로 변하도록(말과 행동, 성격) 노력하는 것도 포함된다.

실제로 해보면 오묘하고 미묘한 일들이 일어나며 고마움을 얻을 것이다.

공의 도형으로 살펴보면

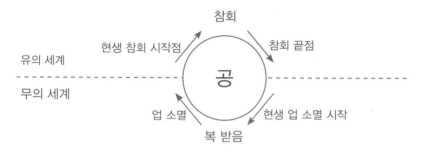

현생 참회의 공의 도형

'공의 이치'는 작은 것부터 큰 것까지 하나의 공을 이루어 소멸한다.

예를 들어 너에게 작은 피해를 주면 나에게 작은 피해로 돌아와 하나의 공을 이루고 소멸한다. 사람들은 작아서 못 느끼므로 그런 연유로 자신이 안 되면 남 탓을 하는 것이다.

너에게 큰 피해(법으로 금지한 것, 살인, 강도, 절도, 폭행 등)를 주면 시간이 지나 나에게 큰 피해(감옥, 크기에 따라 형량이 달라짐)로 돌아와 하나의 공을 이루고 소멸된다. 결국 너에게 주는(베풂) 만큼 나도 받는 것이 '공의 이치'이기에 피해갈 수 없다.

참회를 하다 보면 너에게 주는 피해를 줄이게 되고 반대로 너에게 공덕(공양덕＝선을 베풂)을 베풀기 시작한다.

이렇게 현생의 업을 참회로 시작하면 동시에 현생의 업도 소멸을 시작하여 서로가 하나의 공을 이룰 때 현생의 업은 소멸되고 자신의 인생이 달라지기 시작한다. (모든 일이 잘 풀리게 된다.)

세 번째, 공덕 기도 수행

너에게 주는 피해는 줄어들고 너에게 베푸는 공양덕을 실천하게 되며 나에게 베푼 공양덕은 나에게 복福으로 되돌아와 모든 일이 나에게 맞게 만사형통을 이룬다. 이것이 공덕 기도이다.

단 공덕 기도할 때 공음덕(수행, 기도)은 특정 장소에서 할 수 있으나 공양덕(선덕 베풂, 자비, 배려, 기부, 봉사)은 때와 장소가 없이 행하여야 한다.

공의 도형으로 살펴보면

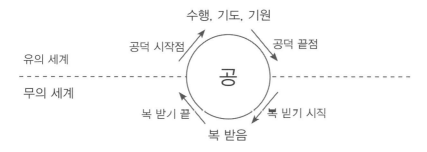

공덕 기도의 공의 도형

공덕 기도 수행으로 공음덕(깨달음)과 공양덕(베풂)으로 행하며 자신의 덕으로 자자손손 복福을 누릴 수 있다. 이렇게 공덕을 쌓는 만큼 공의 크기도 달라지며 나에게 복福으로 돌아와 하나의 공을 이루고 소멸한다.

예를 들어 계속 공덕을 쌓으면(죽기 전까지) 나에게 돌아오는 복도 끝이 없다. 이는 후손들뿐만 아니라 본인 자신도 죽어 후생에서라도 복을 받는 것을 말한다. 이렇게 공덕 기도를 시작하면 동시에 나에게 돌아오는 복福도 시작하여 서로가 하나의 공을 이룰 때 모든 일이 만사형통을 이루며 자신의 인생이 달라진다. (자손들과 자신의 후생도 모두 잘된다.)

우리는 모든 일이 잘 풀리고, 돈도 많이 벌리고 건강하며 자식들도 잘되는 사람을 보고 복福이 있다고 말한다.

실제로 해보면 오묘하고 미묘한 일들이 일어나며 고마움을 얻을 것이다. 또한 참회, 공덕, 기도 수행으로 복 받는 것은 물론이며 악연에서도 벗어날 수 있다.

제53장

使我介然有知
사 아 개 연 유 지

使我介然有知 行於大道 唯施是畏 大道甚夷 而人好徑
사 아 개 연 유 지 행 어 대 도 유 시 시 외 대 도 심 이 이 인 호 경

朝甚除 田甚蕪 倉甚虛
조 심 제 전 심 무 창 심 허

服文綵 帶利劍 厭飮食 財貨有餘 是謂盜夸 非道也哉
복 문 채 대 리 검 염 음 식 재 화 유 여 시 위 도 과 비 도 야 재

만약 나에게 큰 지혜가 있고 대도의 길을 가고자 할 때 바라건
대 조심해야 할 일은, 대도는 평탄한데 사람들은 질러(빨리)가는
것을 좋아하고, 급히 서두르다 덜게(손해) 되고, 좋은 밭을 황폐하
게 만들고, 창고를 텅 비게 하는 것이다.

화려한 비단 옷을 입고 날카로운 칼을 차고 맛있는 음식에 젖
어 있으며(주시육림) 새물을 많이 가시고 있나빈 이것은 노둑놈이
자랑하는 것이며 도가 아니고 재앙이다.

해설 ▷▷ 이 장에서는 돌아가는 공의 세계를 깨닫고 큰 대도의
길을 가고자 할 때 조심해야 하며 도에서 어긋난 길은 도둑과 같
아 이는 재앙과 같다고 말한다.

공의 세계의 대노大道의 길道은 무엇인가?

우선 도道는 도덕경에서 좋은 길을 말하며 이는 평탄하고 변함 없는 길을 말한다.

불교의 고집멸도(사성제)를 인용하여 도를 설명한다면

사성제四聖諦(고, 집, 멸, 도) — 불교의 가장 기본적인 교리 사제四諦라고도 함. 고苦, 집集, 멸滅, 도道의 네 가지 진리로 구성되어 있다.

석가모니의 성도成道 후 자기 자신의 자내증自內證을 고찰하여 설한 것이 십이인연十二因緣이라면 사설제는 이 인연설을 알기 쉽게 타인에게 알리기 위해 체계를 세운 법문이다. 십이연기설이 이론적인 것임에 대해 사제설은 이론적인 동시에 실천적인 것이며 오히려 실천을 주로 삼는 것이라 할 수 있다.

석가모니는 성도 후 좌선사유坐禪思惟에 의해 스스로의 깨침을 즐겼으나 인연의 이치가 매우 어려워 세상 사람들이 이해하기가 곤란하다는 것을 알고 설법 방법을 연구하여 사제설을 고안하였다. 그분이 녹야원鹿野苑에서 다섯 비구比丘를 상대로 처음 설법한 것이 사제의 가르침이다.

사성제란 무엇인가?

사성제란 문자 그대로 '네가지의 거룩한 진리'를 말한다. 사실 불교에서는 수없이 많은 가르침들이 있지만 붓다는 여타의 가르침과 차별하여 그것이 진리(제諦, sacca)라는 말을 쓰고 있다. 불교에서 사성제라는 개념이 이처럼 중요한 까닭은 우선 붓다가 보리수 아래에서 깨달은 진리가 바로 사성제이기 때문이고, 다음으로는 49년에 걸쳐 이루어졌던 그 모든 가르침들이 결국은 사성제로 환원되기 때문이다.

첫째는 고제苦諦이다. 생(태어남), 노(늙음), 병(병듦), 사(죽음)이별(애별리고), 악연(원증회고), 부족함(구불득고), 집착(오음성고)등의 인생살이 고를 말함.
돌고도는 인생살이의 길을 말함.

둘째는 집제集諦이다. 집이란 고를 일으키는 원인을 말함. 돌고 돌게 만들어진 공의 길을 말함.

셋째는 멸제滅諦이다. 인생살이의 고를 멸하는 방법을 말함.
돌고도는 공의 길(고)에서 벗어나는 길을 말함

넷째는 도제道諦이다. 인생살이의 고에서 벗어난 것을 말함.
돌고두는 공의 길(고)에서 벗어난 길을 말함.

이 장에서 노자가 말하는 대도는 사성제의 도와 일치하고 노자가 말하는 도는 사성제의 멸과 도를 통칭하여 말하는 것이다.
천하 이치, 즉 '공의 세계' 자체가 사성제의 집과 같고 그것을 (집) 깨닫지 못하면 고가 되는 것이고 그것(집)을 깨닫고 행한다면 그것이 도라고 히는 것이다.

그럼 사성제의 고집멸도를 도형으로 살펴보면

고苦(사성제의 고苦)

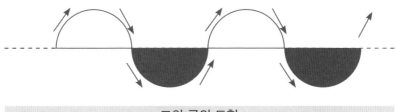

고의 공의 도형

시간에 따라 엇박자로 돌아가는 공의 세계를 고라 한다.
안 좋게 돌아가는 길[道]을 말한다.

집集(사성제의 집集)

집의 공의 도형

공의 세계 본체를 집이라 한다.
좋게 돌아가든 안 좋게 돌아가든 공은 항상 돌아가고 있다.

멸滅(사성제의 멸滅)

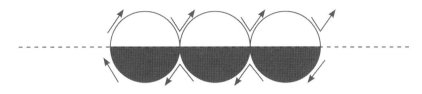

멸의 공의 도형

시간에 따라 엇박자가 함께 돌아가는 공의 세계를 멸이라 함.
좋게 돌아가는 길[道]을 말한다.

도道(사성제의 도道)

도의 공의 도형

시간에 따라 엇박자(굴곡)가 없이 일정하게 돌아가는 공의 세계
를 도라 한다.
좋게 돌아가는 길 중에서 최고의 길, 즉 대도大道라 말한다.

노자가 말하는 대도大道는 사성제의 도道를 말하고 평탄한 길을
말한다. 이 대도의 길은 많은 고생(죽을 만큼 힘든 고생)과 고행으로
만 갈 수 있으며 급하고 조급하게 간다고 갈 수 있는 길이 아니며
오히려 그 길은 고苦의 길道을 가는 것이다. 또한 이 도의 길을 갈

수 있는 것은 덕을 쌓아야 하며 지키는 덕은 기본이고, 쌓는 덕(음
덕과 양덕)으로 많은 시간 수행을 통하여야만 가능한 길이다.

대도무문大道無門의 공

일반 풀이는 "큰 길에는 문이 없다"라는 뜻으로 한 사람의 포부
(꿈, 야망, 희망…)를 말한다. 이는 어떠한 어려움이 있어도 끝까지
가서 그 뜻을 펼친다는 의지로 표현한 말이다.

세상 이치(공의 이치)로 풀이하면 '도道'라는 '공의 순리'를 말한
다. 또한 '공의 이치'는 엇박자의 독자성으로 나타나 하나의 공을
이룬다.

즉, 큰 꿈을 가진 사람은 엇박자인 큰 시련을 겪어야 하고 그것
을 이겨내어야 공을 이루어 자신의 큰 꿈을 이룰 수 있다.

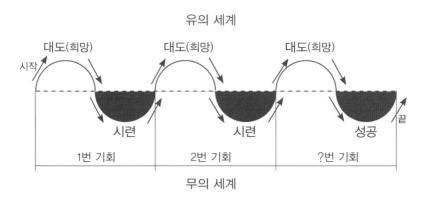

대도무문의 공의 도형

상기 도형에서 대도무문의 길은 몇 번의 과정을 이룰지는 모른

다. 다만 당사자가 그 뜻을 이루었다면 결과적으로 그 사람에게는 대도무문이 된다.

대도무문大道無門

상기의 내용들을 정리한다면 대도의 길은 너를 위하여 무엇을 할 것인가를 깨닫고 많은 고난의 시간들을 인내하고 정진한다면 반드시 그 꿈을 이룰 수 있다는 것을 말한다. 또한 그 길에 막는 문門은 있으나 자동문처럼 스스로 열리게 해주므로 문이 없는 것이다.

대도大道의 길[道]은 중생들을 위하여 덕을 쌓는 것이다.

大道之道 多衆爲德

제54장

善建者不拔
선 건 지 불 발

善建者不拔 善抱者不脫 子孫以祭祀不輟
선 건 자 불 발　선 포 자 불 탈　자 손 이 제 사 불 철

修之於身 其德乃眞 修之於家 其德乃餘 修之於鄕 其德乃長
수 지 어 신　기 덕 내 진　수 지 어 가　기 덕 내 여　수 지 어 향　기 덕 내 장

修之於國 其德乃豊 修之於天下 其德乃普 故以身觀身
수 지 어 국　기 덕 내 풍　수 지 어 천 하　기 덕 내 보　고 이 신 관 신

以家觀家 以鄕觀鄕 以邦觀國 以天下觀天下
이 가 관 가　이 향 관 향　이 방 관 국　이 천 하 관 천 하

吾何以知天下然哉? 以此
오 하 이 지 천 하 연 재　　이 차

선(덕)을 세운 자는 뽑히지 않고(흔들리지 않음) 선(덕)를 행하는 자
는 벗어남이 없다. 자손(후손)들이 제사를 그치지 않는다. (불멸을
말함)

수신을 하면 그 덕은 진실해지고, 수신으로 집을 다스리면 그 덕
이 여유로울 것이고, 수신으로 고을(도시)을 다스리면 그 덕이 오래
남고, 수신으로 나라를 다스리면 그 덕이 풍성해지고, 수신으로 천
하를 다스린다면 그 덕은 넓게 두루 퍼진다.

고로 자신부터 살피고 이에 따라 가정을 살피고, 이에 따라 고을
(도시)을 살피고, 이에 따라 나라를 살피고, 이에 따라 천하를 살펴
야 한다. 네가 무엇으로 천하의 이런 것들을 알 수 있겠는가? 바로
이런 방법(수신)에 의한 것이다.

해설 ▷▷ 이 장에서는 돌아가는 공의 이치를 깨닫는 길을 설명하
고 그 깊이에 대하여 설명한다.

수신의 단계(제28장 250p 참조)
공의 법을 깨닫기 위한 수행자의 깨달음에 이르는 길[道]
유교의 사서오경四書五經 중 대학大學, 중용中庸 편에 나오는 글
을 인용하였다.
큰학, 즉 대학大學의 8조목이라 부른다.
격물, 치지, 성의, 정심, 수신, 제가, 치국, 평천하

직업에서 공덕 쌓는 방법
첫째, 자신의 기술이 너에게 덕이 되게 하라.
이는 수단을 쓰되 나도 덕이 되고 너도 덕이 되는 수를 써야 하
는 것을 말한다. 자신부터 덕을 보려고 하는 마음을 버려야 한다.
실제로 너에게도 덕이 되고 나에게도 덕이 되기는 현실적으로 엄
청 어렵다. 이는 사물(일)을 보는 정확한 판단이 있어야 하며, 또한
자신의 욕심을 낮추고 비우는 마음이 있어야 하기 때문이다. 그
기준을 잡지 못하면 서로 간 공헌에 대한 상대방의 신뢰가 무너지

고 이해득실 관계가 구분 짓기 어렵게 된다.

중생들이 누구나 자신부터 덕을 보려고 하는 것은 당연한 것이다. 깨달음을 얻고 복을 받고 싶다면 이 이치를 꼭 명심하여야 한다.

둘째, 너의 입장에서 생각하는 자비심과 배려심이 있게 하라.

셋째, 정직한 마음으로 정도를 행하며 정성을 들여라.

넷째, 직업과 관련된 일을 할 때 그 일의 결말을 볼 수 있는 능력을 키워라. 이 능력이 없으면 나와 너가 송사가 일어나며 결국 너에게 피해를 주는 격이 되어 후에 자신에게 피해가 발생한다.

다섯째, 자신의 직업에서 그 일들에 대하여 행한 모든 결과에 대하여 책임지겠다는 의지와 의식을 가져라.

일상에서 덕을 쌓는 일

음식에 관하여는 먹는 일은 무엇이든 함께 해라.
음식을 깨끗하게 먹고 버리지 마라.
사소한 일이라도 도울 일이 있으면 도와라.
항상 웃음이나 밝은 표정으로 상대를 대하라.
정도를 벗어난 거짓은 행하지 마라.
어떠한 힘든 일이라도 긍정적인 말을 해라.

항상 배려하는 마음으로 양보하라.

만사에 정성을 들여라.

모르면 밤낮으로 배우도록 노력하라.

항상 움직이는 모든 곳에 "고맙습니다"라고 표현해라.

찾아온 사람은 서운하지 않도록 후덕하게 하여 보내라.

돈은 항상 기분 좋게 써라.

항상 친절해라.

이 외에도 자신이 너에게 피해를 주지 않고 덕을 주는 것을 찾다 보면 생각이 많이 떠오를 것이다. 이 모두는 누구나 노력한다면 행할 수 있지만 진심이 담겨 있어야 한다.

덕德 쌓는 일이 천성이 된다면 그 돌아오는 복福도 가히 설명하기 어렵다.

"소문 만복래笑門萬福來"라 웃는 집안에 온갖 복이 들어온다는 말이 있듯 덕 쌓는 일이 천성을 이루면 온갖 복福이 들어온다.

덕의 상쇄

덕의 상쇄는 공음덕과 공양덕 모두를 상쇄시킬 수 있으므로 덕을 쌓는 과정(깨달음의 과정)에서 부처님께서는 육바라밀을 말씀하셨다. 팔정도는 덕을 쌓는 과정(깨닫는 과정)에서 바르게 행하지 않으면 자신에게 돌아올 복이 상쇄되기 때문에 올바름을 행하여야 하는 것을 뜻한다.

복福과 행복行福

복福은 타고난 자신의 분수를 말하는 것이라 할 수 있으며 하려고 한 것이 아닌데 저절로 잘 이루어지는 것이라 할 수 있다. 행운 같은 것이라 할 수 있다.

행복行福은 자신이 행동하여 만들어 받는 복을 말한다. 자비, 자선, 시주, 기부, 봉사, 배려, 용서 등 너에게 덕이 되도록 행동하고 나서 기다리면 돌아오는 복도 행복이고, 자신이 깨달음을 얻어 모든 것에 고마움을 느끼며 자신의 의식으로 만드는 것도 행복이라 할 수 있다.

즉 공덕功德 쌓는 것을 행복이라 할 수 있다.

복과 행복을 공의 도형으로 나타내면

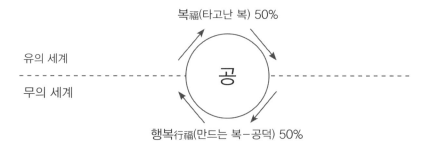

복과 행복의 공의 도형

결국 내 복은 자신이 만들어갈 수 있다.

현실에서 많은 책들이 발간되고 있고, 또한 많은 사람들이 좋은 책을 찾아 읽으며 자신의 앞날의 지침으로 살아갈 때 그때의 책을 '법보시'라 할 수 있다.

수신을 하면 그 덕은 진실해지고, 수신으로 집을 다스리면 그 덕이 여유로울 것이고, 수신으로 고을(도시)을 다스리면 그 덕이 오래 남고, 수신으로 나라를 다스리면 그 덕이 풍성해지고, 수신으로 천하를 다스린다면 그 덕은 넓게 두루 퍼진다.

이 내용은 상기 도형의 크기로 이해하면 된다.

수신修身과 수행修行이란 무엇인가?

수신은 자신의 몸을 닦는 것을 말하며 이는 수행을 통해서만 가능한 것이다. 이런 연유로 수행을 어떻게 하느냐에 따라 수신하는 크기도 달라진다.

책을 보고 학습하는 것이나 또는 생각으로만 하는 수행은 그 수신의 크기가 행동으로 하는 수행에 어찌 비교할 수 있겠는가?

수신을 공의 도형으로 살펴보면

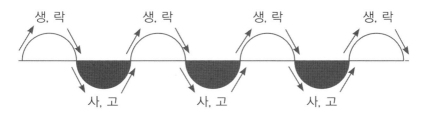

수신의 공의 도형

상기 도형에서 태어나 살면서 죽을 만큼 힘든 때가 있다가 죽을 만하니까 다시 살고, 살 만하니까 죽을 것 같고… 이런 양극의 과정들을 무수히 돌아야 그 이치를 깨닫게 되고 그 깨달음이 모두 공인 것을 알게 된다. 다만 왜 그렇게 양극을 왔다갔다 했는지 자신이 살아온 과거들을 선정(깊은 생각)에 들어 되돌아본다면 그 원인과 결과를 깨닫게 된다. 이런 깨달음으로 벗어나는 길도 깨닫게 된다. 이 길은 공 안의 중생들 모두에게 돌고 있는 이치이기 때문에 서서히 사람들이 보이게 된다.

선(덕)을 세운 자는 뽑히지 않고(흔들리지 않음) 선(덕)을 행하는 자는 벗어남이 없다. 자손(후손)들이 제사를 그치지 않는다(불멸을 말함).

고생苦生을 많이 하고 생각(선정)을 많이 한다면 누구나 공자가 될 수 있다. 고행苦行을 많이 하고 생각(선정)을 많이 한다면 누구나 부처가 될 수 있다.

지금도 중국에서 공자님을 성인으로 모시고 불자들은 부처님을 성인으로 모시고 제사를 지내는 것이 바로 선덕(공음덕과 공양덕)을 행하신 결과라 할 수 있다.

누구나 이만큼은 안 되더라도 자신의 후손 대대로 안녕과 번영을 바란다면 덕을 많이 쌓아야 하고, 그렇게 하면 자신도 후손들 대대로 제사를 받아 공을 이루게 된다.

엇박자의 락樂 과 고苦의 경계는 무엇인가?

나에게 덕德이 되면 락樂이라 할 수 있고

나에게 해害가 되면 고苦라 할 수 있다.

내가 느끼는 자아自我의 경계는 무엇인가?

이는 세 가지 자아로 이 경계를 느낀다. (삼아三我)

삼아三我

하나, 물질적 경계

물질적 소유로 인하여 만족과 불만족을 느끼는 자아의 경계라 할 수 있다.

둘, 육체적 경계

내외적인 육체적 소유의 만족과 불만족을 느끼는 자아의 경계라 할 수 있다.

셋, 정신적 경계

내외적인 정신적 소유의 만족과 불만족을 느끼는 자아의 경계라 할 수 있다.

이 삼아로 인하여 자신의 상태에서 락과 고를 느낀다.

참고로, 자아自我는 무엇인가?

유아有我(내가 있다)와 무아無我(내가 없다)로 나누며 유아는 오온에서 색, 수, 상, 행, 식까지며 무아는 오온의 의식을 넘어선 무의

식 상태를 말한다.

삼아三我에서 고를 버리는 방법
하나, 물질적 고

물질적 소유로 인하여 일어나는 공의 법칙을 깨닫고 비우는 것과 갖는 것을 적절히 중도를 행한다면 고에서 벗어날 수 있다. 물질적 욕심은 누구나 갖고 있지만 그 욕심을 줄이든가 낮추어야 한다.

없으면 없는 데로 살고 있으면 베풀고 살아가면 된다. 소유와 무소유의 적절한 분배가 중요하다.

둘, 육체적 고

자신의 내외적인 모습을 보고 타고난 천명天命으로 여기고 자신의 장점을 살리도록 적절한 수행(노력)으로 자신감을 갖도록 한다면 고에서 벗어날 수 있다. 나는 이 땅에서 가장 소중한 존재인 것을 자각해야 한다.

신체발부수지부모身體髮膚受之父母 - '신체와 터럭과 살갗은 부모에게서 받은 것이다'라는 뜻으로 부모에게서 물려받은 몸을 소중히 여기는 것이 효도의 시작이라는 말이다. 『효경孝經』에 실린 공자의 가르침이다.

천명지위성天命之謂性 - 하늘이 하늘의 본성(天道)을 만물萬物에게 부여附與해준 것을 본성本性이라고 한다.

셋, 정신적 고

물질적, 육체적 만족을 느끼게 되면 자신이 정신적으로 안정을 찾기 때문에 고에서 벗어날 수 있다. 이때 마음도 평온을 찾는다.

누가 손해를 보겠는가?

유학의 가르침에 인의예지신仁義禮智信을 공으로 비교하여 엇박자로 행할 때 누가 더 손해를 보는지를 살펴보면

"인의예지신仁義禮智信"

사람이 항상 갖추어야 하는 다섯 가지 도리道理. 어질고, 의롭고, 예의 있고, 지혜로우며 믿음이 있어야 한다는 것. 오상五常.

인仁: 어질 인

의義: 옳을 의

예禮: 예도 예

지智: 지혜 지

신信: 믿을 신

내가 너에게 어질게 대하면 너도 나에게 어질게 대한다.

내가 너에게 어질지 못하게 대하면 너도 나에게 어질지 못하게 대한다.

내가 너에게 옳게 대하면 너도 나에게 옳게 대한다.

내가 너에게 옳게 대하지 못하면 너도 나에게 옳게 대하지 못한다.

내가 너에게 에로 대하면 너도 나에게 에로 대한다.

내가 너에게 예로 대하지 못하면 너도 나에게 예로 대하지 못한다.

내가 너에게 현명하게 대하면 너도 나에게 현명하게 대한다.

내가 너에게 현명하게 대하지 못하면 너도 나에게 현명하게 대하지 못한다.

내가 너에게 믿음으로 대하면 너도 나에게 믿음으로 대한다.

내가 너에게 믿음으로 대하지 못하면 너도 나에게 믿음으로 대하지 못한다.

인의예지신의 공의 도형

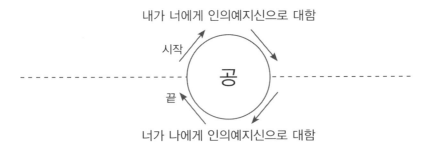

내가 너에게 인의예지신으로 대함

시작

공

끝

너가 나에게 인의예지신으로 대함

인의예지신의 공의 도형

상기 도형에서 내가 너에게 어떻게 대하느냐에 따라 시간이 지나면 엇박자로 되돌아온다.

어떻게 행하여야 자신에게 이익이 되겠는가?

성인들은 이 공의 이치를 알기 때문에 덕으로 행하라 하시는 것이다.

지성인은 덕을 쌓는 것을 가르치고 배우고 행하여야 한다.

제55장

含德之厚
함 덕 지 후

含德之厚 比於赤子 蜂蠆虺蛇不螫 猛獸不據
함 덕 지 후 비 어 적 자 봉 채 훼 사 불 석 맹 수 불 거

攫鳥不搏 骨弱筋柔 而握固 未知牝牡之合 而全作 精之至也
확 조 불 박 골 약 근 유 이 악 고 미 지 빈 모 지 합 이 전 작 정 지 지 야

終日號而不嗄 和之至也 知和曰常 知常曰明
종 일 호 이 불 사 화 지 지 야 지 화 왈 상 지 상 왈 명

益生曰祥 心使氣曰强 物壯則老 謂之不道 不道早已
익 생 왈 상 심 사 기 왈 강 물 장 즉 노 위 지 부 도 부 도 조 이

덕을 많이 쌓은 사람은 어린아이에 비유할 수 있다. 벌도 전갈도
쏘지 않고 사나운 맹수도 덮치지 않는다.

뼈는 약하고 근육은 부드럽지만 이는 굳게 만드는 것이고, 암수의
결합에 대해 알지 못하지만 이는 완성을 위한 것이며 정한 것에
도달하는 것이다.

종일 울부짖어도 목이 쉬지 않는 것은 조화를 이루었기 때문이다.
조화를 아는 것이 항상(자연 이치)이라 하고 항상을 아는 것을 명(밝
음=세상 이치를 안다)이라 한다.

이익이 생기는 것은 불상사의 조짐(징조)이며, 마음으로부터 기가

일어나면 강한 의지(욕구)가 일어나고 물욕의 기세는 바로 시들해진다. 이런 것은 도가 아니다. 도가 아니면 명이 일찍 다한다.

해설 ▷▷ 이 장에서는 덕을 쌓은 사람을 어린아이에 비유하고 조화를 이루는 공에 대해 이야기하며 도가 아닌 길은 명이 짧음을 설명한다.

공의 이치는 오묘하고 미묘하게 엇박자로 돌아가기 때문에 이 글 노자 도덕경의 공을 읽고 공의 원리와 순리를 많은 시간을 두고 자신의 살아온 과거와 앞으로의 견문과 체험을 유심히 관하여 보고 느낀다면 그 심오한 깨달음을 느낄 수 있을 것이다.

조화를 아는 것이 항상(자연 이치)이라 하고 항상을 아는 것을 명(밝음=세상 이치를 안다)이라 한다.

상기 내용에서 항상 상常은 자연 이치를 말하며 많은 큰스님들이나 도를 닦는 사람들이 자연에서 깨달음을 얻는 것도 자연은 하루, 한 달, 1년, 끝없이 반복하며 돌아가기 때문이다. '항상'이라는 뜻은 일상에서 자연의 이치를 표현한 것이며 조화를 아는 것은 자연 이치를 아는 것을 말한다.

조화는 공을 이룬 상태를 말한다.

"항상을 아는 것을 밝음이라 한다"는 자연 이치를 깨달으면 돌아가는 공의 이치, 즉 세상 이치를 아는 것이며 이것을 깨닫는 것이 지혜라 할 수 있고 그 지혜를 밝음이리 표현한 것이다.

너에게 도움이 되는 일들은 내 마음의 허와 실을 떠나서 너를 의식하지 말고 행하라. 때가 되면 나에게 복으로 되돌아 올 것이다.

혹 누가 나의 행함을 시기, 질투, 험담, 기만 등을 한다면 그 사람은 너로 인하여 세상의 늪에 빠질 것이다.

내 마음속에서 타오르는 불씨(탐貪, 진嗔, 치痴)는 누가 잠재울 수 있는가? 활활 다 타버려야 그때서야 꺼진다. 남는 것은 재뿐일 것이다.

고행만 한다면 사회 물정을 모른다.
고생만 한다면 세상 이치를 모른다.

고생과 고행을 둘 다 해봐야 사회 물정과 세상 이치를 두루 알 것이다. (둘 다 몸소 체험하는 것을 말한다.) 이것으로 나름의 참 깨달음을 얻을 수 있다.

어떤 사람이 몇 번의 고생을 경험하고 나름의 자기 자리를 잡는 것은 부와 가난, 성공과 실패, 도전과 포기 등을 떠나 이때는 나름의 살아가는 방법을 아는 것이다. 즉 알든 모르든 나름의 세상 이치를 아는 것이다.

상(보이는 것, 相) 안에서 무상(보이지 않는 것, 無相)을 보거나 또는 느껴야 한다. 이것을 보거나(無相) 느끼지(無見) 못하면 내가 고달 프기 때문이다.

예를 들어 어떤 사람이 목적이 있어 나에게 왔는데, 그 사람의 외모나 말만 듣고 나와 뜻이 맞아 함께 동행을 한다면 이것은 그 사람의 속마음을 알지 못하기 때문에 나중에는 필히 자신이 피해를 볼 수밖에 없다. 그러므로 상대의 보이지 않는 모습(마음)을 알아야 한다는 것이다.

실제로 그 사람의 무상無相은 보기 어렵다. 나로 인因하여 오는 연緣이니 어찌 볼 수 있겠는가? 다만 조심조심, 또 조심한다면 조금은 나아지지 않겠는가?

남자가 바람나면 사업이 잘 안 된다. 또한 가정이 위태롭다.
여자가 바람나면 자식이 잘 안 된다. 또한 가정이 위태롭다.

남녀의 합은 세상 이치 중 가장 중요한 근본이다. 다만 그 정도를 넘으면 탈이 나도록 만들어져 있다.

남녀의 합이 없다면 인류는 100년도 못 되어 멸망한다.

바람을 필려면 귀신도 모르게 피워라.

특히, 사업을 하는 사람은 명심하여야 하며, 잘못하면 그 주위 사람들까지 위태롭게 한다. 부도덕한 내 즐거움은 결국 내 주위를 힘들게 하여 다시 나에게 괴로움으로 되돌아온다.

그 이유는 '공의 법' 때문이며 오묘하고 미묘하게 되돌아오게 된다. 이 남녀 간의 바람은 둘 다, 또는 한쪽이 가정이 있는 경우며 처녀가 유부남과 바람이 나서 가정을 이루어도 똑같다. 3년까지는 갈 수 있으나 3년을 넘기가 어려운 상황이 생기며(오묘하고 미묘함으로 한쪽이 인연이 멀어짐) 억지로 3년을 넘어기다 보면 상상도 못한 험한 일을 맞이할 수도 있다.

참고로 귀신은 절대로 속일 수 없으며 0초까지 모두 알고 있다. 때가 되면 바람을 일으켜 상상도 못하는 일들을 겪을 것이다. 바람도 그 사람에 맞게 불어준다.

제56장

知者不言
지 자 불 언

知者不言 言者不知
지 자 불 언 언 자 부 지

塞其兌 閉其門 挫其銳 解其紛 和其光 同其塵 是謂玄同
색 기 태 폐 기 문 좌 기 예 해 기 분 화 기 광 동 기 진 시 위 현 동

故不可得而親 不可得而疏 不可得而利 不可得而害
고 불 가 득 이 친 불 가 득 이 소 불 가 득 이 리 불 가 득 이 해

不可得而貴 不可得而賤 故爲天下貴
불 가 득 이 귀 불 가 득 이 천 고 위 천 하 귀

지혜로운 자는 말이 없고 말이 많은 자는 지혜롭지 못하다.

기쁨(락-욕망)을 막고, 문을 닫고, 날카로움을 꺾고, 어지러움을 풀고, 빛(영광)과 조화를 이루고, 티끌과 하나가 된다. 이것은 오묘하고 미묘한 하나이다.

고로 친하다가도 아니고, 멀리하다가도 아니고, 이익 되다가도 아니고, 해롭다가도 아니고, 귀하다가도 아니고, 천하다가도 아니다. 이런 연유로 천하를 귀하다 할 수 있다.

해설 ▷▷ 이 장에서는 공의 순리를 설명하고 공의 순리를 깨닫지

못한 자는 말이 많음을 설명힌다.

말을 많이 하면 너에게 실수를 하게 되고, 실수를 하게 되면 너에게 변명을 하고, 변명을 하게 되면 너에게 실망을 주게 되고, 실망을 주게 되면 너와의 인연이 끝나고, 너와의 인연이 끝나면 나의 미래도 끝날 수 있다.

고로 친하다가도 아니고, 멀리하다가도 아니고, 이익 되다가도 아니고, 해롭다가도 아니고, 귀하다가도 아니고, 천하다가도 아니다. 이런 연유로 천하를 귀하다 할 수 있다.

상기의 내용은 공이 순리로 엇박자로 돌아가는 것을 말한다.

즉 꺽임현상들을 말한다 할 수 있다.

사람이 살아가는 세계를 색계色界라 한다. 유의 세계라 할 수도 있고 눈에 보이는 세계라 한다. 불교의 반야심경의 색즉시공의 색과 섹에 대하여 한글로 풀어서 살펴보면 사람들의 세상살이와 다를 것이 없다.

색은 세상 모든 눈에 보이는 물체나 물체의 움직임을 말하며 그 물체의 보이는 색상을 말하고, 그것을 눈으로 보고 생각으로 느끼는 것을 말한다. 야한 것이나 애로틱한 것과는 다르다고 할 수 없으나 크게 보면 다르다.

한글로 뜻을 풀어보면

색은 사람(ㅅ) 둘이 밖에서 함께하는 것(ㅐ)을 말하며 이 또한 때가 되면 함께하는 것이 꺾인다(ㄱ)의 뜻으로 사람의 일생을 말한다.

여기서 둘은, 하나는 나(자신)이며 하나는 너(나를 제외한 70억 명 인구)를 말한다.

사람을 만나 세상살이 하다 보면 한때는 좋은 관계에서 안 좋은 관계로 바뀌는 경우가 많이 있으며, 좋으나 싫으나 때가 되면 이별할 수밖에 없는 현실을 겪게 되는 것을 말한다.

친구 관계, 사업 관계, 동업 관계, 대인 관계, 선후배 관계….

섹은 사람(ㅅ) 둘이서 안에서 함께하는 것(ㅔ)을 말하며 이 또한 때가 되면 함께하는 것이 꺾인다(ㄱ)의 뜻으로 남男과 여女의 일생을 말한다.

여기서 둘은, 하나는 나(자신)이며 하나는 이성인 너를 말한다. 사람(남녀)을 만나 세상살이 하다 보면 한때는 좋은 관계에서 안 좋은 관계로 바뀌는 경우가 많이 있으며, 좋으나 싫으나 때가 되면 이별할 수밖에 없는 현실을 겪게 되는 것을 말한다. 연인 관계, 부부 관계, 애인 관계, 이성 관계….

상기의 내용인 색계는 시간이 지나면 무색계를 통하여 공을 이루기 때문에 지금의 현상들이 꺾이는 것이다.

공의 도형으로 살펴보면

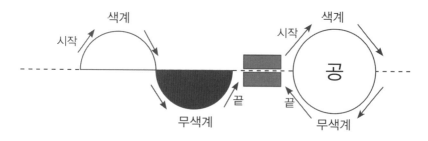

꺾이는 공의 세계 도형

상기 도형에서 엇박자의 경계에 이르면 꺾이게 되어 있다. 이는 불변이다. 다만 그 꺾이는 때를 아는 것이 지혜로운 자라 할 수 있다.

"친하다가도 아니고, 멀리하다가도 아니고, 이익되다가도 아니고, 해롭다가도 아니고, 귀하다가도 아니고, 천하다가도 아니다"에서 앞의 내용은 색계로 현재를 말하는 것이고, '아니고'는 무색계로 미래를 말한다. 결국 색계와 무색계가 하나의 공을 이룬다.

돌아오는 공의 세계는
덕을 쌓지 않으면 꺾임 현상은 순리이지만
덕을 많이 쌓으면 꺾임 현상은 역행으로 사라진다.

미련
돌아가는 공의 세계가 경계를 넘어 꺾이는 때를 깨닫지 못하여 나타나는 현상을 말한다.

'미련'은 타고난 성품 안에서 '탐'과 '치'가 동시에 일어날 때 생긴다. (탐은 욕심이고 치는 어리석음이다.)

미련이 깊어 잘못 생각하면 돌발 상황이나 우발적 상황으로 발전할 수 있으니 조심하고 버려야 한다. 현명한 자는 정을 주되 미련을 두지 않는다. 그 이유는 현명한 자는 떠날 때, 즉 꺾이는 때를 알기 때문이다.

제57장

以正治國
이 정 치 국

以正治國 以奇用兵 以無事取天下 吾何以知其然哉 以此
이 정 치 국 이 기 용 병 이 무 사 취 천 하 오 하 이 지 기 연 재 이 차

天下多忌諱 而民彌貧 民多利器 國家滋昏
천 하 다 기 휘 이 민 미 빈 민 다 리 기 국 가 자 혼

人多伎巧 奇物滋起 法令滋彰 盜賊多有 故聖人云
인 다 기 교 기 물 자 기 법 령 자 창 도 적 다 유 고 성 인 운

我無爲而民自化 我好靜而民自正 我無事而民自富
아 무 위 이 민 자 화 아 호 정 이 민 자 정 아 무 사 이 민 자 부

我無欲而民自樸
아 무 욕 이 민 자 박

정도(중도)로 나라를 다스려야 하고 이에 따라 알아주게(적절하게)
병사(사람)를 활용해야 하고, 이에 따라 무사히 천하를 얻을 수 있
다. 내가 무엇으로 천하의 이런 것들을 알 수 있겠는가? 바로 이런
방법(중용, 중도)에 의한 것이다.

천하에 시기, 질투, 증오, 원망, 두려움 등을 많이 할수록 그 사람
들은 더욱 가난해진다. 국민들이 모두 자신의 이익부터 보려고 하
면 국가(나라)는 더욱 혼란해진다.

사람이 기교(잘난 척)를 많이 부리면 기이한(오묘하고 미묘한)일들이 많이 일어난다. 법은 늘어나고 도적이 많이 생긴다. 고로 성인이 말하길, 우리(나)부터 비운다면 이에 사람들도 스스로 교화되고, 우리(나)부터 깨끗하게 한다면 이에 사람들도 스스로 바르게 행하고, 우리(나)부터 비운다면 이에 사람들은 스스로 부유해지고, 우리(나)부터 욕심을 없애면 이에 사람들은 스스로 순박해진다.

해설 ▷▷ 이 장에서는 공의 중용과 안 좋게 돌아가는 공과 그 결과, 그리고 공을 깨달은 성인이 더불어 함께하는 세상을 만들 수 있는 방법을 설명하고 있다.

인간관계人間關係의 공

인간과 인간, 또는 인간과 집단과의 관계를 통틀어 이르는 말.

人 사람 인

누구나 잘 아는 사람 인 자는 서로 기대어 있는 형국이며 한쪽이 없으면 쓰러지게 되어 있다.

거만, 자만, 자신이 갑이라고 생각히는 사람들은 한쪽의 사람이 없으면 다른 사람을 대체하면 된다고 생각하지만 이는 잘못된 생각이다.

'공의 세계'의 모든 중생은 평등하므로 사람이 함부로 평가해서는 안 된다.

현실에서 그런 마음을 먹고 인간관계를 유지하는 어리석은 사람들은 자신이 어떠한 자리에 있든 괴로운 일들을 자신이 만드는 결과를 가져온다. 반대로 같이 있는 사람의 존재도 귀하다고 생각한다면 그 사람이 모두 너인 이유로 인하여 너인 존재도 모두 나에게 귀하게 대하여 줄 것이 분명하다. 그러면 자신의 인생도 행복해지는 것이다.

나는 혼자이지만 너는 나 이외 70억 인구가 모두 너이기에 어떤 자리에 있든 내가 마음을 낮추고 너를 귀하게 생각한다면 그 많은 너가 나를 귀하게 만들어줄 것이다. 결국은 내가 행복해지는 일이 된다.

인간관계를 이와 같이 한다면 사는 것이 흥이 나고 재미가 있지 않겠는가?

너와 공을 이루면 원만한 삶을 살아갈 수 있다.

지도자가 다스려야 할 공

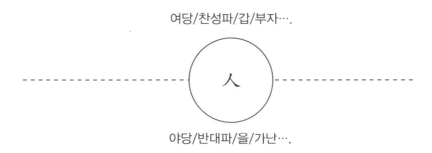

여당/찬성파/갑/부자….

人

야당/반대파/을/가난….

지도자의 중용의 공의 도형

상기 도형에서와 같이 지도자가 어느 한쪽의 극에 있으면 절대로 뜻을 이룰 수 없다. 일시적으로는 가능하다고 느끼겠지만 결국은 이루지 못한다. 왜냐하면 천지인 공의 이치이기 때문이다. 공의 세계는 절대로 혼자 할 수 없기 때문이다.

성인은 이 중도를 행한다. 이 중도의 길은 오직 한 길 덕을 쌓는 길뿐이다.

중용이란?

양극의 끝을 보고 그 중간을 적절히 행하는 것을 중용이라 하며 이는 양끝을 모두 두루 체험하여야 가능하다.

예를 들어 하루살이가 며칠을 모르고, 매미가 한철이므로 사계절을 모르는 것과 같고, 사람 간에도 환경과 여건이 다르므로 그 중을 행하기란 참으로 어렵다.

그러나 지도자가 중용을 행하고자 한다면, 천지天地인 공의 세계가 항상 엇박자로 돌아가는 것을 깨닫는다면, 그 안의 모든 만물도 엇박자로 존재하고 엇박자로 돌아가므로 항상 그 엇박자의 중(경계)을 깨닫고 행한다면 가능한 일이다. 그 또한 자신이 비우고 덕을 많이 쌓아야 천지가 도와주는 것이다. 그때 가능한 일이라 할 수 있다.

其政悶悶 其民淳淳

기 정 민 민 기 민 순 순

其政悶悶 其民淳淳 其政察察 其民缺缺

기 정 민 민 기 민 순 순 기 정 찰 찰 기 민 결 결

禍兮福之所倚 福兮禍之所伏 孰知其極?

화 혜 복 지 소 의 복 혜 화 지 소 복 숙 지 기 극

其無正 正復爲奇 善復爲妖 人之迷 其日固久

기 무 정 정 복 위 기 선 복 위 요 인 지 미 기 일 고 구

是以聖人方而不割 廉而不劌 直而不肆 光而不燿

시 이 성 인 방 이 불 해 염 이 불 귀 직 이 불 사 광 이 불 요

정치를 느끼지 못하게 하면(덕치주의-정치를 잘함) 백성들은 순박
해지고, 정치가 엄격(법치주의)하면 백성들은 교활해진다.

화는 복에 깃들어 있고 복은 화에 숨어 있으니 누가 그 극(화와 복
의 양극)을 알 수 있겠는가?

그 경계(화와 복의 경계)는 없는가? 바른 것도 기괴하게 되고 선한
것도 요사하게 된다. 사람들이 미혹(무지)한지 이미 오래됐다. 하지
만 성인의 수단은 단정하지 않고, 예리하지만 상처를 주지 않고,
직설적이지만 방자하지 않고, 빛은 있으나 빛나지 않게 한다.

해설 ▷▷ 이 장에서는 덕과 법의 차이와 화와 복의 경계, 그리고 공의 세계가 순리로 돌아가면서 엇박자로 변하는 진리를 설명하고 이것을 깨달은 성인의 행동을 설명한다.

정치를 느끼지 못하게 하면(덕치주의-정치를 잘함) **백성들은 순박해지고, 정치가 엄격**(법치주의)**하면 백성들은 교활해진다.**

이 내용은 덕치와 법치로, 덕으로 정치를 행하면 백성들이 편하게 살아가는 것을 말하고, 엄격한 법으로 정치를 행하면 백성들도 살아남기 위해 빼앗기지 않으려고 본능적으로 수단을 써야 하므로 결국은 교활해진다.

대한민국의 부자들이 상속세, 증여세 등으로 이민을 많이 생각하는 이유도 법치로 다스리기 때문이다. 또한 그 사람들도 제대로 덕의 길을 알고 정치인도 제대로 안다면 이런 상황들은 발생하지 않을 것이다. 현명한 지도자의 길이 이렇게 어려운 것인가?

화는 복에 깃들어 있고 복은 화에 숨어 있으니 누가 그 극(화와 복의 양극)**을 알 수 있겠는가?**

공의 도형으로 살펴보면

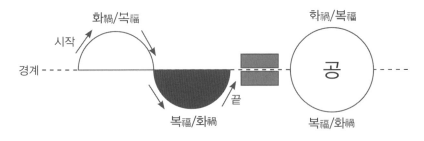

화복의 공의 도형

시끄러움 안에 고요함이 있고 더러움 안에 깨끗함이 있다. 공의 이치는 현재의 상황이 시간이 지나면 엇박자로 오묘하고 미묘하게 변하게 되므로 유념하고 행동을 조심하여야 한다. 다만 변하는 엇박자의 경계를 그 누가 알 수 있겠는가?

하지만 성인의 수단은 단정하지 않고, 예리하지만 상처를 주지 않고, 직설적이지만 방자하지 않고, 빛은 있으나 빛나지 않게 한다.

공의 도형으로 살펴보면

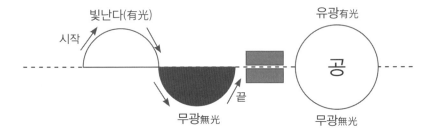

상기 도형에서 만사가 빛나게 되면 그 다음은 그 빛이 발하게 되는 것이 세상 이치이며 정상에 오르면 무조건 내려오는 것 또한 공의 이치이기 때문에 성인은 그 빛이 정상에 오르지 않도록 수신을 한다.

治人事天
치 인 사 천

治人事天 莫若嗇 夫唯嗇 是以早服
치 인 사 천 막 약 색 부 유 색 시 이 조 복

早服謂之重積德 重積德則無不克
조 복 위 지 중 적 덕 중 적 덕 즉 무 불 극

無不克則莫知其極 莫知其極 可以有國 有國之母 可以長久
무 불 극 즉 막 지 기 극 막 지 기 극 가 이 유 국 유 국 지 모 가 이 장 구

是謂深根固柢 長生久視之道
시 위 심 근 고 저 장 생 구 시 지 도

사람을 다스리고, 하늘의 일(큰일)을 하려고 하면 곡식을 거두는 것과 같다. 농부는(부유색) 일찍 자연의 순리에 복종을 한다.
일찍 순리(공의 순리)에 따르는 것은 덕을 많이 쌓는 것이다. 덕을 많이 쌓으면 무의 세계도 이기지 못한다. 무의 세계가 이기지 못하면 극이 드러나지 않고, 극이 드러나지 않으면 나라를 가질 수 있고, 나라의 근본을 가지면 오래 장구할 수 있다. 이것은 뿌리가 깊고 근본이 견고하여 오래 살아남는 길이다.

해설 ▷▷ 이 장에서는 천명(공의 법칙)에 자신을 맡기는 것도 근덕

임을 말하고 그 결과는 오래 살아남는 것(불멸)이라고 말한다.

부유색夫唯嗇, 부는 사내 부, 유는 오직 유, 색은 곡식을 거둔다로 오직 곡식을 거두는 일을 하는 사내를 농부라 부른다.

또한 농부가 짓는 농사일은 그 당시는 하늘에 맡겨야 했다. 때를 맞춘 일조량과 절기, 비[雨] 등이 풍년과 가뭄의 경계를 이루기 때문이다.

고생과 고행으로 공의 이치를 깨달은 자(공음덕을 쌓음)는 비우는 것과 덕 쌓는 것을 알기에 공의 세계 중 '무의 세계'에 맡기는 것이다. 왜 무의 세계냐 하면 유의 세계는 나[我]이고 무의 세계는 신神과 같기 때문에 내가 공을 이룰 수 있는 길은 신神과 함께가 되어야 하기 때문이다.

나[我](모든 중생 – 자신이 볼 때는 모두가 나[我]이다.)

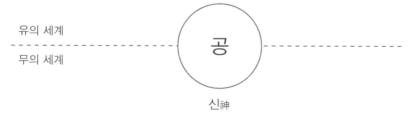

나[我](모든 중생 – 자신이 볼 때는 모두가 나[我]이다.)

유의 세계

무의 세계

공

신神

신神과 함께의 공의 도형

덕을 많이 쌓으면 무의 세계도 이기지 못한다. 이는 이기고 지고가

아니고 공을 이루었기 때문에 도와준다고 해야 옳을 것이다. 이 내용은 실제로 많은 고생과 고행을 해보지 않고는 알 수 없으며 만약 행한다면 기적과 같은 오묘하고 미묘한 일들이 일어난다.

'무의 세계' 즉 종교를 믿지 않는 자는 시련이 많다.

단, 종교 이념에 너무 심취하는 것은 한쪽 눈으로 세상을 보며 살아가는 것과 같다. (한쪽 눈으로 앞을 보면 사물과의 거리감이 떨어진다 – 실제로 해보시기 바랍니다.) 이는 너와 함께 더불어 살아가는데 조화를 이루지 못하는 것과 같다.

창조된 공의 세상은 인간의 뜻대로 안 되게 엇박자로 만들어져 있기 때문에 동서양을 떠나 선조들도 살아오면서 인간의 뜻대로 되지 않음을 알고, 차츰차츰 엇박자를 벗어날 수 있는 방법을 찾아 정립한 것이 종교가 된다.

각 종교의 신도들이 모시는 신에게만 잘하고 자신의 주위를 등한시한다면 이는 자신의 복을 상쇄시켜 아무리 신을 찾아 모신다 하여도 큰덕[大德]을 볼 것이 없을 것이다.

성성이 깨어 있는 "고맙습니다" 생활의 수행
자신이 믿는 신과 함께한다면 더욱 은혜를 입을 것이다.

이는 "고맙습니다"를 습관이 될 때까지 행하는 것으로 보이지 않는 세계, 즉 '무의 세계(천지)'에 존경과 귀속, 그리고 관심을 표하여 그로부터 은혜를 받고자 함이다.

믿고 안 믿고는 각자의 몫이지만 복福을 받고자 하면 해보는 것

도 좋지 않을까 생각한다. 지나간 시간은 절대 되돌아오지 않기
때문이다.

이 수행을 행하다 보면 오묘하고도 미묘한 현상으로 서서히 일
어나는 고마움을 느낄 것이다.

생활의 수행을 하는 방법은

- 집을 나올 때

  천(하늘)에 3번, 지(땅)에 3번, 허공(유)에 3번을 가볍게 고개
  숙여 "고맙습니다" 인사 수행한다. (여기는 들어올 때도 똑같이
  하고 들어오면 된다.)

- 자신의 직장, 가게, 일터 등 자신이 생활하는 곳에 출입할 때

  들어갈 때 지(땅)에 3번, 나올 때 지(땅)에 3번을 가볍게 고개
  숙여 "고맙습니다" 인사 수행한다. (여기는 하루에 한 번만 해도
  되나 출입할 때마다 하면 더욱 좋다.)

- 타인의 건물에 용무가 있어 출입할 때

  들어갈 때 지(땅)에 3번, 나올 때 지(땅)에 3번을 가볍게 고개
  숙여 "고맙습니다" 인사 수행한다. (여기서 용무가 있는 사람에
  게는 1번만 가볍게 고개숙여 "고맙습니다" 인사한다.)

- 일을 마치고 집에 들어올 때 현관문에서

  하늘에 3번, 지(땅)에 3번, 가볍게 고개숙여 "고맙습니다" 인
  사 수행한다. (여기는 가족에게는 가볍게 "다녀왔습니다" 인사 수행
  한다.)

- 어디서든 생각밖으로 일이 잘 풀릴 때는

천(하늘)에 3번, 지(땅)에 3번, 가볍게 고개숙여 "고맙습니다" 인사 수행한다.

- 큰 산이나 오래된 고목, 바다 등을 보면

  그 대상을 보고 가볍게 3번 고개 숙여 "고맙습니다" 인사 수행한다.

- 태양을 보게 되면 하루에 한 번은 가볍게 3번 고개숙여 "고맙습니다" 인사 수행한다.

- 달님을 보게 되면 하루에 한 번은 가볍게 3번 고개숙여 "고맙습니다" 인사 수행한다.

  그 외에도 나름대로 의식의 변화나 고마운 마음이 생긴다면 어떤 식으로도 행하면 되는 것이다.

참고로 신神에게는 세 번의 인사를 행하면 되고, 조상님이나 돌아가신 분에게는 두 번의 인사를 행하면 되고, 생존하여 있는 고마운 분에게는 한 번 행하면 된다.

이런 수행을 하는 이유는

모든 일이 잘 되어도 고맙고, 또한 모든 일이 안 되어도 고마움을 알게 해준다.

일이 되어 고맙다는 것은 그 일로 돈과 행복이 들어오고 일도 잘 풀리기 때문에 고맙다. 일이 안 되어 고맙다는 것은 그 일로 인하여 손해나 불행이 오지 않게 하니 고마운 것이다. (안 되어도 고맙다는 것은 실제로 이것을 깨닫기까지는 많은 시간이 필요하다. 계속 행하면 그 고마움을 알게 된다.)

또한 이 "고맙습니다" 수행이 습관이 되면 모든 일이 좋게 순리로 풀리게 된다.

일이 성사 되어도 고맙고, 일이 성사 안 되어도 고맙다.

예를 들어 살던 집이나 점포, 공장 등 이사를 가서 잘되는 사람도 있고 반대로 잘 안 되어 집이나 점포 공장 등을 경매로 날릴 수도 있다. 누구나 대박나고 잘되기만 바라겠지만 현실은 그러하지 못하다. 평소에 상기 생활의 수행을 한다면 때가 되면 나에게 복으로 바뀔 것이다.

참고로, 살다 이사를 가게 되면 이사하기 이전의 집, 즉 살던 땅[地]에 고맙다고 인사를 하고 가는 것이 예禮이다. 나름의 작은 제祭를 올려 고마움을 표하고 떠나면 좋다. 고맙다는 것은 잘되어 더 좋은 데로 가서 더 좋게 살라고 하는 것이고, 잘 안 되어도 다른 데 가서는 잘되라고 하는 것이기 때문이다.

땅[地]에도 각자의 인연이 있다. 좋은 인연은 모든 일이 잘 풀리고 인연이 아니면 잘 안 풀린다. 항상 그 땅[地]과 좋은 인연을 만들기 바란다.

땅마다 그 기운이 있어 옛날부터 풍수가, 또는 지관이라 하여 땅만 보러 다니는 사람과 벼슬이 있었다. 한 나라의 흥망성쇠가 그 터(수도, 도읍)에서 기氣가 나온다 하여 생긴 것이다. 또한 문중의 터도 문중이 살고 있는 터(양택)와 조상님들의 묘 터(음택)를 중히 여겨 선택하여 문중의 흥성을 바랐다. 이 혈의 자리를 명당이라 한다. 이 명당의 자리로 인하여 그 집안과 문중과 나라가 잘된다.

땅[地]마다 기운이 달라서 사업이 잘되는 땅, 운복이 있는 땅,

명성과 명예가 있는 땅, 권력이 있는 땅, 부가 있는 땅, 긴강과 장수가 있는 땅, 신을 모셔야 하는 땅 등이 있다. 우리는 땅의 깊은 마음을 알 수 없다. 이 또한 오묘하고 미묘한 일이기 때문이다.

우리가 성성이 깨어있는 수행으로 땅[地]에다 수행을 생활인 듯하면 그 땅[地]도 행하는 사람에게 나름의 명당의 길로 필히 인도하여 줄 것이다.

이삿짐 센터가 많이 생기고, 수시로 점포 주인이 바뀌어 인테리어 공사를 하고 수시로 이사를 다닌다. 수시로 다니는 삶이 그 사람에게도 편하지는 않고 힘들 것이다. 이것은 우리 인생이 깨닫기 전(사람에게 주어진 고생의 끝을 말함)에는 걸어 다닐 수밖에 없기 때문이다.

성성이 깨어 있는 수행으로 땅[地]에 인연이 닿아 걸어다니는 인생을 끝내고 앉아 쉬는, 더 나아가 누워 쉴 수 있는 삶을 영위할 수 있을 것이다.

행동으로 실천해 보면 기적과 같은 일들이 서서히 일어난다.

단, 하루 아침에 결과를 보고자 한다면 이는 욕심이며 어리석음이다.

제60장

治大國 若烹小鮮
치 대 국 약 팽 소 선

治大國 若烹小鮮 以道莅天下 其鬼不神
치 대 국 약 팽 소 선 이 도 리 천 하 기 귀 불 신

非其鬼不神 其神不傷人 非其神不傷人 聖人亦不傷人
비 기 귀 불 신 기 신 불 상 인 비 기 신 불 상 인 성 인 역 불 상 인

夫兩不相傷 故德交歸焉
부 양 불 상 상 고 덕 교 귀 언

큰 나라를 다스리는 것은 작은 생선을 불에 굽듯이 해야 한다. 도를 바탕으로 천하를 다스린다면 귀신도 신통력을 부리지 못하는데, 귀신이 신통력이 없는 것이 아니라 그 신통력이 사람을 해치지 못하는 것이다. 귀신이 사람을 해치지 못할 뿐 아니라 성인 역시도 사람에게 해치지(영향을 주지 못함) 못한다. 양쪽(귀신과 성인) 서로 영향을 주지 못하니 그로 덕과 함께 돌아가는 것이 도道다.

해설 ▷▷ 이 장에서는 돌아가는 공의 세계의 이치를 깨닫는다면 귀신과 성인도 그 사람을 해치지 못함을 말하고, 그 깨달음의 길은 덕을 쌓는 것임을 설명한다.

일상에서 작은 일과 큰 일을 구분할줄 알아야 한다.

이를 구분하지 못하면 작은 일에도 자신의 몸이 상할 수 있다.
현명한 자나 지혜로운 자는 이를 구분할 줄 안다

태산泰山은 잡초雜草와 공존한다.

귀신鬼神은 기신氣神이다(제10장 참조)

결국 공의 세계가 돌아가는 길에서 안 좋게 돌아갈 때 나타나는 것을 귀신이라 한다. 그 공의 세계를 돌아가게 만드는 힘은 기氣라 하면 이를 공의 기, 즉 공기空氣라 하며 그 공기가 때가 되면 엇박자로 안 좋게 돌아가게 만들기 때문이다. 그러므로 귀신은 곧 공기라 할 수 있다.

노자는 공의 기를 도道라고 한다. 공기는 우리 몸 구석구석을 돌아다닌다. 그 뇌의 정신세계에도 영향을 미친다.

앞서 표현했듯 공의 기가 좋게 돌아가는 길은 오직 덕을 쌓는 길이며 그 중에서도 음덕을 쌓는 것이 더욱 중요하다. 이 음덕을 쌓으면 이 장에서 말하는 귀신도 나에게는 덕이 되며 가는 길을 도와줄 것이다. 이 음덕을 불교의 부처님은 법보시라고 하며 양덕은 그냥 보시라 한다.

덕과 함께 돌아가는 것이 도道다.

도와 덕의 관계를 살펴보면

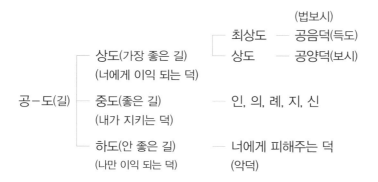

어떠한 자리에 있든 덕을 행하기에 따라 때가 되면 오묘하고 미묘하게 나에게 대가(복)로 돌아오게 된다.

좋은 덕은 나에게 복으로, 안 좋은 덕은 나에게 피해로 돌아온다. 하도의 덕은 덕이라 할 수 없다.

앞서 표현했듯 공의 기가 좋게 돌아가는 길은 오직 덕을 쌓는 것이다. 노자가 말하는 도덕경의 덕은 공음덕과 공양덕을 말하며 이로 인하여 상도(좋은 길)와 최상도(최고로 좋은 길)의 인생길을 가기를 바라는 뜻으로 적은 것이라 할 수 있다.

공덕을 행한다면 유교에서 말하는 인, 의, 예, 지, 신이라는 지켜야 할 도덕도 의미가 없음을 제38장에서 설명하였다. 결국 쌓는 덕의 중요함을 가르치는 것이다.

또한 상도의 길은 누구나 언제든지 할 수 있지만 최상도의 길은 많은 고생과 고행으로 하루아침에 이루지 못하고 많은 시간이 필요하다. 인간이 1,000년을 살아간다면 아마도 누구나 공음덕을 얻을 것이나 100년도 못 사는 인생이 짧을 뿐이다.

제61장

大國者下流
대 국 자 하 류

大國者下流 天下之交 天下之牝 牝常以靜勝牡 以靜爲下
대국자하류 천하지교 천하지빈 빈상이정승모 이정위하

故大國以下小國 則取小國 小國以下大國 則取大國
고 대국이하소국 즉취소국 소국이하대국 즉취대국

故或下以取 或下而取 大國不過欲兼畜人 小國不過欲入事人
고혹하이취 혹하이취 대국불과욕겸축인 소국불과욕입사인

夫兩者各得其所欲 大者宜爲下.
부양자각득기소욕 대자의위하

큰 나라는 하류와 같다. 천하의 흐름이 만나기 때문이다.

천하의 여성(암컷)은 항상 고요함으로 남성(수컷)을 이기고 이는 고
요함으로 자신을 낮춘다.

고로 대국은 소국에 대해 낮추면 곧 소국을 취하고 소국도 대국
에 낮추면 곧 대국을 취한다. 고로 어떤 것은 낮추기에 취한다.

낮추기에 취하는 것이란, 대국은 과욕을 버리고 인재(사람)들을 포
용하는 것이고 소국은 욕심을 버리고 사람들을 섬기는 것이다. 양
자가 모두 원하는 것을 이루려면 마땅히 대국(대인)이 먼저 낮추어
야 한다.

해설 ▷▷ 이 장에서는 공의 크기에 따른 행실을 설명하고 있다.

공의 크기

공의 크기는 사람마다 타고난 분수 안에서 정해져 있지만 살아가는 진리를 깨닫고 행동으로 만들어 간다면 그 크기가 달라지는 것을 말한다. (제17장 참조 – 공의 크기 만드는 법)

공의 도형으로 살펴보면

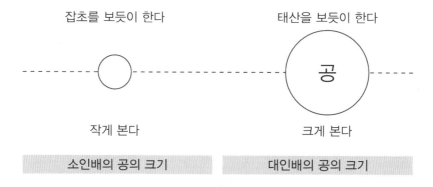

소인배는 속(마음)이 좁아 세상을 작게 보며 너에게 배려나 도움을 주지 않으므로 공이 작아 큰 일을 할 수가 없다. 소인배는 작은 일에 목숨을 건다.

대인배는 속(마음)이 넓어 상을 크게 보며 너에게 배려나 도움을 많이 주기 때문에 큰 공을 이루므로 큰 일을 할 수가 있다. 대인배는 작은 일과 큰 일을 구분할 줄 안다.

대인배가 되고자 한다면 자신의 생각이나 마음부터 너에게 배려하고 베푸는 것을 키워야 한다. 자기 자신을 위주로 생각하고 마음을 먹게 되면 자신이 위축되기 때문이다.

무엇이 중하고 무엇이 중하지 않은지를 알아야 하는데, 이는 스스로를 비우려고 노력하면 서서히 알게 되며 그로 인하여 자신의 마음도 여유로워지며 넉넉해지니 이것이 대인배가 되는 것이다.

자신의 몸을 너무 사랑하면 아끼게 된다. 사람은 죽으면 어떤 식으로도 자연으로 되돌아간다. 아무리 자신을 아낀다 하여도 돌아갈 수밖에 없다. 이런 연유로 자신을 아끼기보다는 아낌없이 다 쓰고 갈 수 있도록 노력해야 한다.

너를 위해서 아낌없이 쓰는 것은 결국은 나를 위해 아낌없이 썼다는 것을 세월이 흐른 뒤에는 저절로 깨닫게 된다.

아직도 우리들 곁에서 위대하고 훌륭하게 남아있는 역사 속 인물은 모두 너를 위해 아낌없이 자신을 썼다.

잡초는 잡초의 공이 있고 나무는 나무의 공이 있다. 숲은 숲의 공이 있고 산은 산의 공이 있으며 태산은 태산의 공이 있는 것이다.

잡초는 소인배이며 태산은 대인배라 할 수 있다.

다만 잡초와 태산은 함께 있어 공존한다.

사람이 이루는 공 – 자신이 행하기에 따라 공의 크기가 달라진다.

예시1) 전생의 업으로 잘 타고나 복 많은 사람이 수신을 못했을 때 공의 크기

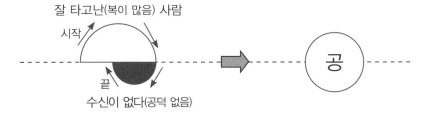

잘 타고난 사람이 수신을 못한 경우의 공의 크기

타고난 복이 많아도 수신을 하지 못하면, 수신을 하지 못하여 공덕을 쌓지 못하면 그만큼 자신의 복이 줄어들어 작은 공을 이루고 소멸한다.

예시2) 전생의 업으로 잘 타고나 복 많은 사람이 수신을 했을 때 공의 크기

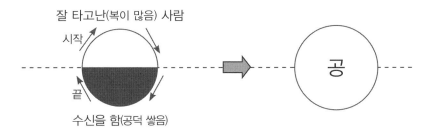

잘 타고난 사람이 수신을 한 경우의 공의 크기

수신의 크기에 따라 조금은 다르나 나름의 수신을 하였다고 보면, 타고난 복福에 수신을 하여 공덕을 쌓는다면 큰 공을 이루고 소멸한다.

예시3) 전생의 업으로 잘못 타고나 복 없는 사람이 수신을 했을 때 공의 크기

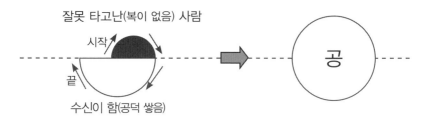

잘못 타고난(복이 없음) 사람
시작
끝
수신이 함(공덕 쌓음)

잘못 타고난 사람이 수신을 한 경우의 공의 크기

타고난 복이 없어도 수신을 하여 공덕을 쌓는다면 공덕을 쌓은 만큼 무한한 공을 이루고 소멸한다. 이는 무한한 무의 세계 때문이며 이 수신을 하는 것 또한 태어나 고생이나 고행을 많이 하지만 이 또한 수신을 행하면 큰 복을 갖고 태어남과 같다.

참고로, 잘 태어난다, 잘못 타고난다 하는 등은 자신의 삶의 환경으로 자기 생각으로 느끼는 것을 말한다.

많은 고생을 한 사람이 훌륭한 성자나 현자가 되는 것이다. 이는 잘 태어난 것과 못 태어난 것과 상관없이 공덕을 많이 쌓아 깨달음을 얻으면 공의 크기가 모두 같다는 것을 의미한다.

예시4) 전생의 업으로 잘못 타고나 복 없는 사람이 수신도 못했을 때 공의 크기

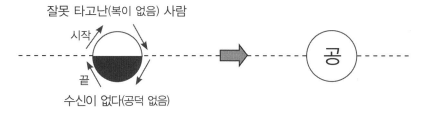

잘못 타고난(복이 없음) 사람

시작

끝

수신이 없다(공덕 없음)

공

잘못 타고난 사람이 수신을 못한 경우의 공의 크기

타고난 복이 없고 안하무인으로 자신만 보고 살며, 너를 위한 배려가 전혀 없고, 양심도 없고, 자기 반성은 일체 하지 않는 사람들은 그 정도에 따라 작을 공은 이루며 소멸한다.

참고로, 태어난 이상 존재하는 모든 존재는 존재 이유가 있기 때문에 그에 맞는 공을 이루고 소멸한다. 그런 다음 다시 환생하여 또다시 공을 이루려고 살아간다.

소인과 대인의 공

소인을 공의 도형으로 살펴보면

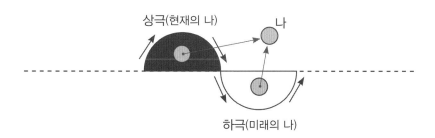

상극(현재의 나)

나

하극(미래의 나)

소인의 공의 도형

상기 도형의 돌아가는 공의 세상을 모르는 무지無知로 인하여 상극에 있던 자신이 때가 되면 하극에 존재하게 되며 그때 자신의 본성이 나오게 되므로 자신도 모르는 존재가 무슨 큰 일을 행할 수 있겠는가?

그래도 공의 도형에서 소인이 공의 크기만큼(자신이 볼 때 큰 물) 자신은 대인라 말할 수 있다.

대인을 공의 도형으로 살펴보면

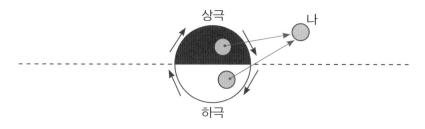

대인의 공의 도형

상기 도형에서 대인은 돌아오는 공의 이치를 알고 있기 때문에 처신을 바르게 하여 그 중심을 잃지 않는다. 항상 행동에서 공을 이루는 것이 대인이라 할 수 있다.

다만 극과 극의 크기를 깨닫는 차이가 제가, 치국, 평천하로 분류하는 것이다

좋은 세상에 있으면 안 좋은 세상이 오고 안 좋은 세상에 있으면 좋은 세상이 오기 때문에 대인은 평상심을 잃지 않고 나름대로 돌아오는 때를 기다리는 것이다.

자신의 분야에서 한 가지 일을 두고 처음 시작과 끝을 볼 수 있어 자신도 만족하고 상대인 너도 만족하여 하나의 공을 이루고 소멸(깨끗이 정리)된다면 그 사람을 대인이라 할 수 있다. 이런 사람은 큰 일을 맡겨도 모두 깨끗이 공을 이루고 소멸시킬 것이다.

제62장

道者 萬物之奧
도 자 만 물 지 오

道者 萬物之奧 善人之寶 不善人之所保
도 자 만 물 지 오 선 인 지 보 불 선 인 지 소 보

美言可以市尊 美行可以加人 人之不善 何棄之有
미 언 가 이 시 존 미 행 가 이 가 인 인 지 불 선 하 기 지 유

故立天子 置三公 雖有拱璧以先駟馬 不如坐進此道
고 립 천 자 치 삼 공 수 유 공 벽 이 선 사 마 불 여 좌 진 차 도

古之所以貴此道者何? 不曰求以得 有罪以免邪? 故爲天下貴
고 지 소 이 귀 차 도 자 하 불 왈 구 이 득 유 죄 이 면 사 고 위 천 하 귀

道라는 것은 만물을 그윽하게 만든다. 선인은 보물처럼 대하고 비선인은 보존만 시킨다.

아름다운 말은 존경을 받을 수 있고 아름다운 행동은 인복人福을 받을 수 있다. 선(착함)하지 않는 자는 유(유의 세계, 색계)를 버리지 못한다.

고로 천자를 세우고 삼공三公을 임명하여 공벽拱璧과 사마駟馬의 예의를 행하는 것보다 차라리 앉아서 도를 닦는 것이 낫다.

옛날부터 도를 중시하는 이유는 무엇인가? 도에 의해 구원을 받을 수 있고 죄가 있어도 죄를 면할 수 있기 때문이 아니겠는가? 그러

므로 도는 천하에서 가장 존귀한 것이다.

해설 ▷▷ 이 장에서는 공의 세계의 은혜와 언행에 따라 돌아오는 복과 예의보다 도를 깨닫는 것이 중요함을 말한다.

萬物之奧의 오奧는 그윽하다는 뜻으로 만물의 성장과 유지를 지켜주는 것을 말한다.

삼공三公은 조금씩 표현은 다르지만 삼정승과 같은 뜻으로 고위 공직자로 이해하면 된다.

공벽拱璧은 두 손으로 귀중한 보옥을 바치는 예의를 말한다.

사마駟馬는 말 네 마리가 끄는 수레라는 뜻으로 고대의 예법을 말한다.

道라는 것은 만물을 그윽하게 만든다. 선인은 보물처럼 대하고, 비선인은 보존만 시킨다.

공의 세계는 계속 돌아 만물의 생성과 소멸을 주기적으로 반복하며 만물의 성장과 유지를 도와주며 때가 되면 소멸시키는 것이다. 공의 세계의 이치는 누구나(선인과 악인 – 불교에서는 중생을 말함) 보존시키지만 깨달은 자(수신자, 선인)는 고생을 한 만큼 대우를 받도록 만들어져 있다.

아름다운 말은 존경을 받을 수 있고 아름다운 행동은 인복人福**을 받을 수 있다. 선**(착함)**하지 않는 자는 유**(유의 세계, 색

계)를 버리지 못한다.

가인加人은 "사람을 더한다"로 해석하지만 이 뜻은 나를 도와주는 사람이 많으면 많을수록 내가 보는 입장에서는 인복이 많다고 할 수 있다.

정치하는 사람이나 대중의 인기를 받는 많은 부류의 사람들은 사람들이 더하여 많아질수록 자신의 입지가 커지고 유명해지는 것과 같다.

짜증을 내면 일어나는 공

내가 짜증을 내면 이는 너로 인하여 나는 것이고, 내가 나를 관리(수신)하지 못하여 내가 먼저 너에게 짜증을 낸 것이다. 이것은 공으로 돌아 나에게 너가 짜증나게 일이 오묘하고 미묘하게 만들어지며 계속 짜증으로 돌게 되면 하는 일 모두 잘되지 않는다.

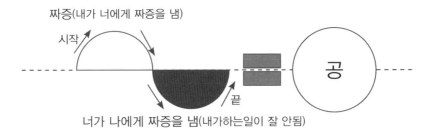

짜증(내가 너에게 짜증을 냄)

시작

끝

너가 나에게 짜증을 냄(내가하는일이 잘 안됨)

공

짜증의 공의 도형

이런 연유로 짜증이 나더라도 자신을 다스려 짜증을 끊고 웃을 수 있도록 노력하면 즐거운 공으로 돌아선다.

참고로, 현재 자신의 주위에서도 일상생활에서 자주 짜증을 내고 화를 내는 사람이 하는 일이 잘 안 되는 것을 조금만 관심있게 보면 보일 것이다. 이런 사람 옆에 있는 사람도 잘못하면 같이 엮이는 경우가 있으니 조심해야 한다.

반대로 웃음(즐거움)으로 일어나는 공

내가 웃으면 이는 나로 인하여 너에게 즐거움(웃음)을 주게 되며 이것은 자신이 자신을 관리(수신)한 결과이다. 너에게 준 웃음(즐거움)으로 공으로 돌아 너가 나에게 즐거움(웃음)을 주게 되며 이런 연유로 즐거움, 웃음으로 일상 생활을 계속하게 되면 모든 일이 잘 풀리고 잘된다.

짜증을 내는 이유

첫째, 체력 저하로 인한 것이고, 둘째, 감정을 다스리지 못한 결과이다. 또한 이 둘은 상호 협력한다.

예를 들어 체력이 약하면 조금만 무리하여도 감정이 예민해지고 감정적으로 표현하고 행동한다. 또한 순간적인 감정 표현은 급속한 체력 지하를 기져올 수 있다. 즉 찌증이 발생하게 되는 것이다. 이런 연유로 자신의 체력 이상을 쓰거나 무리하게 몸을 혹사시키지 않도록 하여야 하며, 또한 이 체력을 보강하기 위해서는 운동 등으로 체력을 보강하여 짜증나는 일들을 줄여야 한다.

감정으로 나는 짜증은 정신 수양으로 자신을 다스리도록 노력하여야 한다. **내가 짜증이 나고 다툼 등이 생기는 것은 조만간 안 좋**

은 일이 일어날 징조이므로 빨리 안 좋은 기들을 털어버리고 좋은 기로 전환시켜야 한다.

긍정의 힘 – 됐어! 됐어! 됐어! 다 됐어!

'긍정'의 힘은 티끌로 태산을 쌓을 수도 있다.

성공한 삶을 살아가는 성공술이나 처세술에서 항상 중요하게 강조하는 것이 긍정의 힘이다.

긍정은 자신을 좋은 방향으로 다스리려고 하는 의지며 이는 수신을 하는 것과 같고, 이 수신으로 인하여 자신의 몸의 행실과 생각과 마음가짐이 바르고 맑아지며 또한 밝아지는 것이다. 이로 인하여 자신의 인생이 달라지는 전환점이 된다.

이런 자세로 사회생활을 하게 되면 너에게 미세한 덕德을 주는 것과 같다. 나의 긍정적 행동으로 너에게 미세한 도움과 즐거움을 주는 것은 너에게 덕을 주는 것과 같다. 인간은 혼자서는 살 수 없기 때문에 항상 나 아닌 너와 함께 생활을 할 수밖에 없다. 내가 긍정의 의식과 행동으로 너와 함께 생활하면서 너에게 모범이 되고 더불어 밝게 한다면 이는 너에게 미세하지만 덕德을 베푸는 것이 된다.

긍정의 크기는 미세한 티끌 같지만 일상생활을 이와 같이 한다면 그 양은 시간에 따라 방대해지며(지구촌 70억 인구가 모두 너 – 엄청나게 많음) 결국 쌓여서 태산을 이루게 된다. 결국 긍정으로 이룬 태산은 '공의 이치'로 보면 때가 되면 나에게 태산과 같은 복福으로 돌아오게 된다. 이런 연유로 긍정적인 생각과 행동을 하여야 한다.

긍정을 공의 도형으로 살펴보면

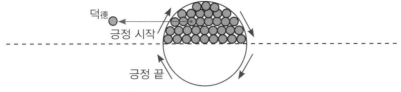

긍정(수신으로 너에게 덕을 베품는 것과 같다)으로 태산을 이룸

덕德
긍정 시작
긍정 끝

뜻을 이룸(너에게 준 덕德이 나에게 복福으로 돌아오는 것과 같다)

긍정의 공의 도표

　자신이 바라는 것을 이루기 위해서는 자신에게 복이 있어야 한다. 긍정은 이런 연유로 스스로 복福을 만들어 자신의 뜻을 이루는 결과를 가져오게 된다. 긍정으로 태산을 이루려면 많은 시간이 필요하니 '긍정적 의식'이 천성이 되도록 노력하면 된다.

　'긍적적 의식'의 시작은 자신의 마음 하나만 바로 잡으면 누구나 가능하다. 긍정은 정도正道를 알든 모르든 밝게 보려는 생각(의식이나, 무의식)으로 행동하는 것을 말한다. 또한 긍정은 부정의 엇박자와 대립되는 관계라 할 수 있다. 결국 공의 독자성이나 상대성으로 인하여 자신이 즐거운 행복에 빠지는 이유가 된다. 긍정적 생각(의식이나 무의식)으로 한 행동은 때가 되면 돌아서 긍정의 공으로 자신에게 복福으로 돌아온다. 즉, 자신이 복福을 받는 수혜자가 된다. 긍정의 반대는 부정으로 엇박자의 공을 이루어 자신을 괴롭게 만든다.

도道를 닦는다는 것은 돌아가는 공의 법칙을 깨닫는 것을 말하고, 깨달은 그 길[道]은 좋은 길을 살아갈 수 있게 만들어 주는 것을 의미한다.

옛날부터 도를 중시하는 이유는 무엇인가? 도에 의해 구원을 받을 수 있고 죄가 있어도 죄를 면할 수 있기 때문이 아니겠는가? 그러므로 도는 천하에서 가장 존귀한 것이다.

인류가 생기고 지능의 발달로 문명이 발전한 현재에도 인간은 종교를 통하여 신을 모시며 천하의 귀함을 알고 있다. 수행하는 사람은 도를, 기도나 기원을 하는 사람은 구원을 받는 것도 모두 돌아가는 '공의 이치'이며 그것은 천하의 가장 존귀한 것이다.

제63장

爲無爲 事無事
위 무 위 사 무 사

爲無爲 事無事 味無味 大小多少 報怨以德

위무위 사무사 미무미 대소다소 보원이덕

圖難於其易 爲大於其細

도 난 어 기 이 위 대 어 기 세

天下難事 必作於易 天下大事必作於細

천 하 난 사 필 작 어 이 천 하 대 사 필 작 어 세

是以聖人終不爲大 故能成其大

시 이 성 인 종 부 위 대 고 능 성 기 대

夫輕諾必寡信 多易必多難 是以聖人猶難之 故終無難矣

부 경 락 필 과 신 다 이 필 다 난 시 이 성 인 유 난 지 고 종 무 난 의

깨달음으로 행하고 깨달음으로 일하고 깨달음으로 맛을 보라. 크고 작은 많고 적은 앙갚음들은 덕으로 갚으면 어려운 일들이 쉽게 되고, 큰일들은 작게 된다. 천하(만사)의 어려운 일들은 반드시 쉽게 풀리고, 천하의 큰일(만사)이라는 것도 반드시 작은 일이 된다. 따라서 성인은 끝(일의 끝)을 볼 수 있으므로 크게 생각하지 않는 연유로 그 지혜(능력을 이룸 - 득도)가 크다.

사람이 너무 쉽게 승낙하면 반드시 믿음이 안 가고(작다), 만사를

쉽게 보면 반드시 많은 어려움을 겪게 된다. 성인은 어려운 일들의 끝을 볼 수 있으므로 무난한 것이다.

해설 ▷▷ 이 장에서는 공의 깨달음과 덕도德道를 이룬 성인의 행위를 설명한다.

유有는 드러내는 것이 맛이고 무無는 깨닫는 것이 맛이다. 이 두 맛을 안다면 세상살이 참맛을 느끼는 것이다.

이 장의 내용들을 이 공의 법칙의 도형과 함께 이해하여 주기 바란다.

돌아가는 공의 법칙의 도형

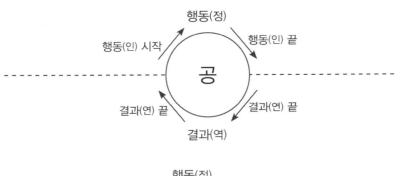

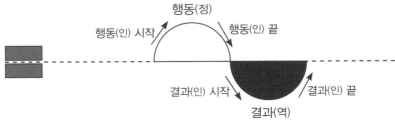

상기 도형에서 어떻게 행동하느냐에 따라 결과가 엇박자로 돌아오니 시작이 중요하다. 시작을 나쁘게 하면 결과는 나에게 나쁘게 돌아온다. 다만 돌아오는 시간은 많은 시간을 두고 관심있게 살펴보지 않으면 깨달을 수 없다.

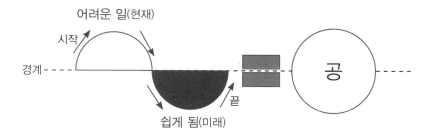

어려운 일의 순리의 공의 도형

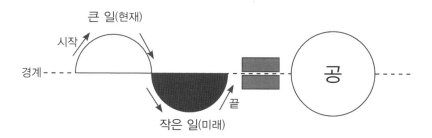

큰 일의 순리의 공의 도형

상기 도형들은 공의 이치에 의하여 무조건 돌아가 공을 이루기 때문에 성인은 미래의 종(마지막)을 알기에 미연에 화를 막을 수 있다. 다만 이런 혜안이 있으려면 많은 고생과 고행으로 생각을 많이 하여야 느낄 수 있다. (이는 무의 세계에서 내 정신세계로 느끼게 만들어 주는 것이다.)

제64장

其安易持
기 안 이 지

其安易持 其未兆易謨 其脆易泮 其微易散
기안이지 기미조이모 기취이반 기미이산

爲之於未有 治之於未亂
위지어무유 치지어미난

合抱之木 生於毫末 九層之臺 起於累土 天理之行 始於足下
합포지목 생어호말 구층지대 기어누토 천리지행 시어족하

爲者敗之 執者失之 是以聖人無爲 故無敗 無執 故無失
위자패지 집자실지 시이성인무위 고무패 무집 고무실

民之從事 常於幾成而敗之 愼終如始 則無敗事
민지종사 상어기성이패지 신종여시 즉무패사

是以聖人欲不欲 不貴難得之貨 學不學 復衆人之所過
시이성인욕불욕 불귀난득지화 학불학 복중인지소과

以輔萬物之自然 而不敢爲
이보만물지자연 이불감위

즐길 때 가지기 쉽고, 징조가 없는 것은 본보기가 되기 쉽고, 취약한 것은 깨지기 쉽고, 미세한 것은 흩어지기 쉽다. 그러므로 나타나기 전에 다스리면 미래에 어려움이 없다.

한아름 되는 나무도 싹에서 자라고, 구층의 누각도 한 줌의 흙에서 시작되고, 천릿길도 한 걸음부터 시작이다. 이룬 자(성공)는 패(실패)하게 되고 가진 자(소유)는 잃어버리게(무소유) 된다. 그러므로 성인은 이루지 않기 때문에 실패가 없고 소유하지 않기 때문에 잃어버릴 것이 없다.

사람들이 좇는 일들은 항상 성공을 원하지만 이는 실패를 하게 되고, 마지막 일은 처음과 같이 해야 다음 일이 실패를 보지 않는다.

이런 연유로 성인은 무욕으로 귀한 보물을 귀하게 여기지 않으며 진리를 배워 많은 사람들의 잘못의 근본을 가르친다. 이는 자연이 만물에게 도움을 주듯이 감히 누구도 행하지 못하는 것이다.

해설 ▷▷ 이 장에서는 엇박자로 돌아가는 공의 법칙을 설명하고 현재에서 미래를 예견하지 못하면 어려움을 겪는 것을 설명한다. 또한 깨달음에는 공功(노력)이 필요함을 말한다.

이룬 자는 패하게 되고 가진 자는 잃어버리게(무소유) 된다. 그러므로 성인은 이루지 않기 때문에 실패가 없고 소유하지 않기 때문에 잃어버릴 것이 없다.

상기 내용들을 공의 도형으로 설명하면

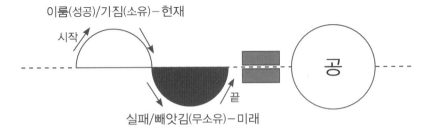

엇박자의 공의 순리의 순행 도형

이는 깨닫지 못한 자의 공의 순리이며 결국 안 좋게 돌아가는 길[道]을 의미한다. 현재는 성공과 가짐을 이룬다 하여도 깨달음이 없으면 미래는 언제 실패하고 빼앗길지 모른다.

그럼 성인처럼 하려면 어떻게 하여야 하는가?

공의 도형으로 살펴보면 다음과 같다.

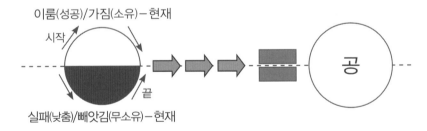

엇박자의 공의 순리의 역행 도형

상기 도형은 깨달음을 얻은 자의 행동으로 성공이라는 것을 이루고 있지만 반대로 자신을 낮추는 것이며(배려, 봉사, 양보등), 소유하고 있을 때 무소유(내놓음-보시, 기부, 성금, 헌납 등)를 함께 행하여 천성이 되듯이 계속 덕을 쌓아야 그것이 성인의 길로 가는 것이다.

사람들이 쫓는 일들은 항상 성공을 원하지만 이는 실패를 하게 되고, 마지막 일은 처음과 같이 해야 다음 일이 실패를 보지 않는다.

성공을 원하지 않는 사람은 아무도 없다. 그러나 쉽게 성공하기란 쉽지 않고 많은 고생의 과정을 거쳐야 다행이 겨우 성공을 이루는 사람들이 생겨난다. 이 또한 엇박자로 돌아가는 공의 법칙에 의한 것이다.

또한 잘된 일이든 못된 일이든 만사에 유종의 미를 잘 지어야 다음에 일어나는 공이 좋게 일어난다. '유종의 미'나 '초심으로 돌아가라'와 같은 뜻으로 보면 된다.

유종有終의 미美의 공 - 어떤 일 따위의 끝을 잘 마무리하는 성과

어떤 일을 하든 그 일에서 시작하면 무조건 종료를 하게 된다.

유有는 있을 유로 보이는 세계의 사람을 이야기한다. 종終은 마칠 종으로 사람과 헤어짐을 말하며 인연의 끝을 말한다. 즉 일하는 사람이 그 일에서 끝을 볼 때 너와 기분 좋게, 조화롭게 마치는 것을 말한다.

'유종의 미'를 공의 이치로 살펴보면 하는 일이 조화롭게 끝을 보아야 그 일에서 하나의 공을 이루고 소멸이 된다. 그러나 하나의 공을 이루지 못하고 끝을 보게 되면 다음 공에서 공을 이루지 못한 기氣가 남아있어 다음에 일어나는 일에서 '공'에 영향을 줄 수 있다.

깨끗하게 너와 정리가 되는 경우는 공으로 소멸이 되기 때문에 다음에 일어나는 공에는 아무런 영향이 없으나 너에게 피해를 주고 정리하는 경우는 다음 공을 일으킬 때 안 좋은 공을 일으킬 수 있다. 너에게 덕德을 주고 정리하는 경우는 다음 공을 일으킬 때 좋은 공을 일으킬 수 있다.

좋은 공(공을 이룸)은 모든 것이 뜻대로 잘 풀리는 것을 말하고, 안 좋은 공(공을 이루지 못함)은 모든 것이 뜻대로 잘 안 풀리는 것을 말한다. 이 모두는 오묘하고 미묘하게 돌아가는 '공의 이치'이다. 이런 연유로 '유종의 미'를 잘 거두어야 하는 이유가 된다.

사람은 삼독(탐-욕심, 진-성냄, 치-어리석음)으로 인하여 자신이 손해를 보면 참지 못하고 덕을 보면 만족하기 때문에 어떤 일이든 헤어질 때는 너에게 덕은 끼치지 못하더라도 피해를 주지는 않았는지 살펴 보아야 하며, 이는 모두 자신을 위한 것임을 알아야 한다.

모든 일에서 깔끔하게 정리정돈을 잘하는 것도 일에서 '공의 소멸'을 잘하는 현명한 사람이라 할 수 있다. 이런 사람은 항상 뒤탈이 없다.

나에게 덕도 없고 손해도 없다

시작

끝

너도 덕도 없고 손해도 없다

공

유종의 미의 공의 도형

상기 도형에서 서로 덕도 손해도 없이 원만한 관계로 유종의 공을 이루었기 때문에 다음에 일으킬 공에서는 좋게 시작할 수 있다. 다만 공헌을 하여 관계를 맺은 과정은 유종에서는 중요하지 않으며 지혜롭게 유종을 맺는 것이 중요하다. 나와 너가 함께 덕을 본다면 금상첨화며, 또한 유종이란 말도 없을 것이다. 유심히 관하여 지켜보면 일시적으로는 모르지만 많은 시간이 지나면 '유종의 미'를 이해할 수 있다.

현실에서 서로에 대해서나 일방적으로 폭로, 비방, 횡령, 비밀 유출 등으로 법적인 문제들이 일어나는 것 또한 유종을 잘못한 결과라 할 수 있다. 유종은 물질적 득과 실도 중요하지만 더욱 중요한 것은 서로가 정신적으로 편안한 상태를 이룬 것을 말한다.

예를 들어 너에게 피해를 주고 교도소에서 죄값을 받는 수감자가 있다고 가정해보자. 그 수감자가 복역을 마치고 출소한 다음 다시 똑같은 죄로 다시 수감되는 경우가 많은데 이 또한 죄와 벌의 완전한 공을 이루지 못하고 꼬리가 남아 다음 공에 영향을 준 결과라 할 수 있다.

초심初心을 잃지 마라의 공空

공은 초심이나 종심이나 하나의 공을 이루기 때문에 항상 같아야 뜻을 이룰 수 있다. 공을 이룬다는 것은 원만한 삶도 되지만 성공된 삶도 되는 것이다.

초심은 자신의 뜻한 바를 이루기 위한 처음의 마음을 말한다. 하지만 그 초심이 시간이 지나고 과정을 거치면서 변하게 되는데, 후에는 처음의 뜻한 바는 무색해지고 그 마음이 두서가 없게 되는 것을 말한다.

성공을 이루고 명성을 듣게 되는 세상의 달콤함을 느끼게 되고, 그로 인하여 초심은 잃어 자신이 쌓아 올린 공을 잃어버리는 경우가 많이 있다. 초심은 공空을 일으킨 것이라면 성공은 자신의 뜻을 이룬 것이라 할 수 있으며 공空을 이룬 상태라 할 수 있다.

이런 연유로 초심으로 일으킨 공은 성공으로 공을 이루었으므로 이때부터 새로운 공이 시작되는 것이다. 그러므로 초심을 끝까지 유지하기란 쉽지 않으며 자신의 뜻대로 되지 않을 수도 있다. 이는 엇박자로 계속 돌아가는 '공의 이치' 때문일 것이다. 하지만 성공을 이룬 후 다음 공으로 계속 이어지기 때문에 초심 또한 다음 공의 원인이 되므로 항상 잃지 않는 것이 중요하다.

성공을 하더라도 자신을 수련과 수행을 통하여 초심을 잃지 않도록 노력하여야 후에 명예名譽, 명성名聲, 부富 등을 잃어 버리지 않는다. 많은 사람들이 성공 후 다음 공에서 실패를 보고 초심으로 돌아가겠다고 하는 것 또한 다음 공空에서 초심을 잃어버린 결과일 것이다.

제65장

古之善爲道者
고 지 위 선 도 자

古之善爲道者 非以明民 將以愚之 民之難治 以其智多
고 지 선 위 도 자 비 이 명 민 장 이 우 지 민 지 난 치 이 기 지 다

故以智治國 國之賊 不以智治國 國之福 知此兩者 亦稽式
고 이 지 치 국 국 지 적 불 이 지 치 국 국 지 복 지 차 양 자 역 계 식

常知稽式 是爲玄德 玄德深矣遠矣 與物反矣 然後乃至大順
상 지 계 식 시 위 현 덕 현 덕 심 의 원 의 여 물 반 의 연 후 내 지 대 순

옛날에 도를 이룬 자는, 백성들이 밝음이 없고 어리석다고 알고 있
었다. 백성들을 다스리기 어려운 것은 그들이 지식이 많기 때문이
다. 그러므로 지식으로 나라를 다스리면 나라에는 해가 되고, 지식
이 아닌 것(덕 – 쌓는 덕을 말함)으로 나라를 다스리면 나라에는 복
이 된다. 이 두 가지를 아는 것이 이 법칙을 아는 것이다. 항상 이
법칙을 알고 있으면 이것을 현덕이라 한다. 현덕은 깊고 넓지만 만
물과 더불어 돌아간다. 그런 후에 곧 크게 조화를 이루게 된다.

해설 ▷▷ 이 장에서는 법과 덕의 다스림의 차이를 설명하고 이
둘을 모두 아는 것을 현덕이라고 설명한다.

이 장을 먼저 이해하는 데 가장 중요한 것은 지智와 지知의 차이다.

지智는 '슬기, 지혜, 재능, 꾀, 총명, 수재' 등으로, 쉽게 설명하며 머리가 좋고(똑똑함, 아이큐 좋음), 지식이 많고(명문대, 대학원), 많이 배우고, 수단이 많은 사람을 말한다. 이런 사람들이 많으면 많을수록 서로 잘났다 생각하고 행동하기 때문에 세상은 시끄러울 수밖에 없고 이를 혼돈의 세상이라 할 수 있다.

지知는 안다, 알고 있다 등의 뜻으로 이는 세상 이치를 알고 있다로 표현할 수 있다. 이것을 다르게 표현하면 득도자라고 한다.

옛날에 도를 이룬 자는, 백성들이 밝음이 없고 어리석다고 알고 있었다. 백성들을 다스리기 어려운 것은 그들이 지식이 많기 때문이다.

옛날에 도를 이룬 자는 성인이나 현자를 말하고, 이분들은 백성들의 무지를 알고 있고, 또한 무지하지만 스스로(백성)는 똑똑하다고 생각하기 때문에 백성을 다스리기 어렵다고 말한다.

그러므로 지식으로 나라를 다스리면 나라에는 해가 되고, 지식이 아닌 것(덕 - 쌓는 덕을 말함)으로 나라를 다스리면 나라에는 복이 된다. 이 두 가지를 아는 것이 이 법칙을 아는 것이다.

현재의 정치도 서로 정권과 대권을 잡으려고 헐뜯고 꼬투리 잡으려고 하는 것도 모두 자신이 똑똑하고 많이 배워 지식智이 많다고 생각하기 때문이며, 이는 결국 국민들에게는 해가 되는 것이다.

"지식이 아닌 것(不以智)"은 지知를 뜻하며, 이는 돌아가는 공의 법칙을 아는 것이며, 이 법칙은 덕으로 좋게 돌아가는 길[道]이기 때문에 덕치를 설명하는 것이다. 즉 덕으로 나라를 다스리면 국민들에게는 복이 되는 것이다.

하학상달下學上達

세상의 지혜는 학력과 무관하지는 않지만 견문, 체험, 생각 (선정)으로 얻는다.

항상 이 법칙을 알고 있으면 이것을 현덕이라 한다. 현덕은 깊고 넓지만 만물과 더불어 돌아간다. 그런 후에 곧 크게 조화를 이루게 된다.

창조된 공의 세상은 만사가 공의 법칙에 의하여 엇박자로 돌아서 공을 이루게 되어 있다. 다만 돌아오는 주기가 오묘하고 미묘하여 깨달음이 없으면 알기 어렵고, 그 주기를 느낀다면 이를 현덕이라 한다. 현덕은 오묘하고 미묘하게 돌아오는 덕을 말한다.

제66장

江海所以能爲百谷王者
강 해 소 이 능 위 백 곡 왕 자

江海所以能爲百谷王者 以其善下之 故能爲百谷王
강 해 소 이 능 위 백 곡 왕 자 이 기 선 하 지 고 능 위 백 곡 왕

是以聖人欲上民 必以言下之 欲先民 必以身後之
시 이 성 인 욕 상 민 필 이 언 하 지 욕 선 민 필 이 신 후 지

是以聖人處上而民不重 處前而民不害
시 이 성 인 처 상 이 민 부 중 처 전 이 민 불 해

是以天下樂推而不厭 以其不爭 故天下莫能與之爭
시 이 천 하 낙 추 이 불 염 이 기 부 쟁 고 천 하 막 능 여 지 쟁

강과 바다가 온 계곡의 왕이 될 수 있는 까닭은 스스로 낮추기 때문이다. 그래서 온 계곡의 왕이 될 수 있는 것이다.

성인이 백성들 위에 있고자 하면 반드시 자신을 낮추어 말하고 백성들 앞에 서려면 반드시 자신의 과거를 돌아보아야 한다. 그래서 윗자리에 있어도 백성들에게 부담을 주지 않고 앞서 있어도(사람들을 인도함) 피해를 입히지 않는다. 그래서 천하는 즐겁게 그를 받들고 싶어하지 않는다. 그것은 서로 싸우지 않는 것이다. 다툼이 없기에 더불어 밝은 세상을 만드는 것이다.

이 장에서는 공의 법칙으로 자신을 낮추면 엇박자로 너가 나에게 낮춘다고 설명하고 있다. 이것은 조화를 이루기에 다툼이 없고 더불어 밝은 세상을 만든다고 말한다.

先下身後上福
선 하 신 후 상 복

"먼저 몸을 낮추고 난 후에 높은(많은) 복을 받으라."

(자신의 몸을 먼저 낮추도록 습관을 들이면 후에 많은 복을 받을 수 있음을 말한다.)

유교 사상에서 절에 대하여 설명하면, 신神에게는 기본 삼배(3배), 영혼(조상님)께는 이배(2배), 부모님과 스승님(윗분)께는 일배(1배)를 논한다.

절을 하는 이유는 자신(나)를 낮추어야 상대(신, 조상님, 윗분)로부터 높은 대우를 받기 때문이며, 이 또한 노자가 말하는 덕을 쌓는 것이다.

현실의 남녀노소 모두 자신을 낮추는 근본도 제대로 모르니 안타깝다.

불교에서 108배, 1,000배, 3,000배 등을 많이 하는데, 그 고행의 경중에 따라 돌아오는 복의 크기도 다르다. (무지자는 절하는 것을 육체적 고통뿐이라 하니 참으로 어리석다 할 수 있다 – 수박의 겉만 아는 자다.)

이 내용들은 불자이면 꼭 읽어 보기 바라며 불자가 아니거나 종교 이념이 강한 분들은 그냥 넘어가 주기 바란다.

성인이나 득도자기 되기 위해서는 자신을 낮추는 것이며 그 중에서 가장 의뜸가는 것은 땅에 바짝 엎드리는 절이다.

절하는 고행으로 흘리는 땀

절하며 흘리는 땀은 내 마음에 들어 있는 독기(삼독)을 밖으로 뽑아낸다. 이 독기(삼독)을 다 뽑아내면 내 안에 들어 있던 진광眞光이 밖으로 뿜어져 나온다. 이 진광眞光은 악을 소멸하고 대자비심大慈悲心과 대자애심大慈愛心을 일으킨다. 이 빛으로 만인의 등불이 될 것이다.

절하는 수행(고행)

내 몸을 고행시켜 내 정신과 내 마음을 편하고 맑아지게 한다. 또한 고행으로 고생을 소멸시킨다. 내 정신이 맑아야 부처님께 좋은 교감을 받는다.

절하는 고행(수행)으로 받는 행복

하나,　절하는 고행으로 모든 고생을 소멸시킨다.

둘,　　절하는 고행으로 모든 일이 잘 풀리는 행복(만사형통)이 온다.

셋,　　절하는 고행으로 건강(근기가 생김)을 챙겨 아프지 않다.

넷,　　절하는 고행으로 음식을 맛있고 귀하게 먹는다. (운동 후

밥은 맛있다.)

다섯, 절하는 고행으로 사람들이 존중해준다.

여섯, 절하는 고행으로 사람으로부터 스트레스 받지 않고 좋은 인연을 만난다.

일곱, 절하는 고행으로 돈이 잘 들어온다.

여덟, 절하는 고행으로 부처님으로부터 좋은 교감을 받는다.

아홉, 절하는 고행으로 일어날 악업을 소멸시킨다.

또한 작은 행복을 가진 자는 작은 행복을 잃어버리지 않고, 집을 가진 자는 집을 잃어버리지 않으며, 건물을 가진 자는 건물을 잃어버리지 않고, 회사를 운영하는 자는 회사를 잃어버리지 않고 더욱 번영 발전하고, 갖지 않은 자는 가질 것이며 가진 자는 잃지 않을 것이다.

인간은 누구나 살아가면서 잃지 않으려고 하지만 잃게 된다. 이것은 잃는 것이 아니고 빼앗기는 것임을 알아야 한다.

절할 때의 마음가짐

정신은 일념—念으로 하고, 마음은 무심無心으로 하고, 몸은 고행苦行을 하는 자세를 가져야 한다. 여기서 일념(소원)은 자신의 바라는 것도 되지만, 더 중요한 것은 끝까지 절하는 수행을 하겠다는 것이 진정한 일념이다. 그렇게 할 때 때가 되면 바라는 일념은 순리로 이루어진다.

모든 좋은 일에는 마魔가 있으므로 인내와 의지로 수행을 하여

야 한다. 절하는 수행을 죽을 때까지 해보겠다는 오기를 가지고
행하여야 한다.

절하는 수행 방법

매일(아침, 저녁 관계없다. – 자신의 일과에 조정) 부처님께 최소 108
배 1번 이상, 자신의 몸과 마음가짐에 따라 횟수는 조절 가능하다.
단, 다음날 일과에 지장이 없도록 하여야 한다. 몸을 단련하여 조
금씩 횟수를 올리면 더욱 좋다.

절하는 장소

부처님께 절을 하려고 하면 절에 가야 하나, 이것은 매일 수행
하는 데 방해가 되어 포기하거나 포기하는 과정을 겪을 수 있다.

방법은

하나, 집하고 가까운 절이 있으면 그곳에서 매일 하면 된다.

둘,   집에서 할 공간이 있으면 하면 된다. (이런 경우, 시간이 될
       때 마음이 닿는 절에 가서 부처님께 올려야 한다.)

불자들이 하다 포기하여도 부처님의 가피는 계속될 것이며, 때
가 되면 다시 불자로 되돌아올 것이니 불자는 그것에 대한 근심은
하지 않아도 된다.

모든 것에 자리잡는 것은 쉽지 않다. (이는 좋은 일에 항상 마 또는
악이 방해하기 때문이다.)

어떤 보살이 여러 절을 옮겨 다니며 "이 절이 나에게는 맞고,

저 절은 안 맞다"라고 하는 것은 깨달음으로 가는 과정이다. 상을 보고 생각이 생겨 마음이 일기 때문에 몸이 움직인 것이며 그 행함으로 생각과 마음에 즐거움이 생기는 것이다. 가까운 곳을 두고 먼 곳을 가야 맞다고 하는 것도 같은 뜻이며, 결국 이는 '무無의 세계世界', 즉 여래如來의 뜻이니 깨달음을 얻는다면 이 뜻을 알게 될 것이다. 깨달음을 얻으면 내가 오고 가는 모든 일에 대하여 결과가 나오니 비우고 즐겁게 행하는 그 결과를 알게 된다.

절하는 수행을 할 때는 ─ 다른 수행도 이와 같이 하면 된다.

처음에는 자신의 원(소원)을 기원드려야 한다. (절 시작하기 전과 절 시작 몇 배까지는 자신에 맞게 원을 기원한다.)

절하는 중간에는 잡념도 많이 들어오고 자신의 여러 가지 실상이 머리 속에서 떠돌아다닌다. 이 실상이 화두, 즉 자신이 알고 싶어하는, 또 알아야 하는 문제가 된다.

수행을 하면 정신이 여러 갈래로 떠돌아다닌다. 잡념이 일 때는 나무석가모니불을 독송하면 잡념이 사라지고, 실상이 떠오르면 실상에 대한 답을 부처님께서 교감하여 주신다. 행동적 수행으로 몸이 고행을 하니 정신으로 좋은 교감을 받는 것이다. (세상 이치가 엇박자 이치로 몸이 고생하여 정신으로 깨닫는 것이다.)

몸은 계속 고행하고 정신은 부처님께서 주시는 실상의 답을 머리에 담기만 하면 된다. 이때 마음가짐은 중립 상태에서 무심의 상태로 있으면 된다.

수행이 끝나면 몸은 쉬고 무심으로 있던 마음이 머릿속에 담았던 실상의 답을 정리하여 자신의 깨달음으로 정립시켜야 한다.

실상의 답이란

나는 누구인가? 나의 외모와 건강은 왜 이럴까?

나는 왜 살아가고 있는가? 나의 정신상태는 왜 이럴까?

나는 왜 부모님을 통하여 태어났는가?

나는 왜 이렇게밖에 못 사는가?

나는 왜 이 사람을 만나고, 만났는가?

나는 왜 사는 게 이렇게 힘이 드는가?

나는 자식들을 어떻게 키워야 하는가?

나는 어떻게 살아가야 하는가?

나는 어떻게 하면 잘되고 잘살 수 있을까?

나는 왜 하는 것마다 잘 안 되는가? 등

이와 같이 나로 인하여 죽을 때까지 일어나는 모든 현상(육체적 현상과 정신적 현상)을 나에게 맞게 방편으로 교감을 받는다. (살아가는 이유를 알게 된다.)

수행이 깊으면 방편을 넘어 진리를 교감 받으며 이때는 나뿐만 아니라 모든 중생의 살아가는 이유를 알게 된다.

절하는 고행(수행)은 큰 음덕을 쌓는 것이며 오묘하고 미묘하게 서서히 자신에게 복으로 꼭 돌아온다.

"자신의 과거는 자신의 스승이며 자신의 역사다. 고로 자신에게서 세상을 배워 나가야 한다."

자신을 되돌아보지 않고 앞서갈 수 없다.

무한 반복으로 유를 창조할 수 있다.

인생이란 답이 있는 듯하면서도 없고, 없는 듯하면서도 있다. 답이 있다는 자는 자만으로 답이 없고, 답이 없다고 노력, 정진하는 자는 답이 있다.

天下皆謂我大
천 하 개 위 아 대

天下皆謂我大 似不肖 夫唯大 故似不肖 若肖 久矣其細也夫
천하개위아대 사불초 부유대 고사불초 약초 구의기세야부

我有三寶 持而保之
아유삼보 지이보지

一曰, 慈. 二曰, 儉. 三曰, 不敢爲天下先.
일왈 자 이왈 검 삼왈 불감위천하선

慈故能勇 儉故能廣 不敢爲天下先 故能成器長
자고능용 검고능광 불감위천하선 고능성기장

今舍慈且勇 舍儉且廣 舍後且先 死矣
금사자차용 사검차광 사후차선 사의

夫慈 以戰則勝 以守則固 天將救之 以慈衛之
부자 이전칙승 이수즉고 천장구지 이자위지

세상 사람들이 저마다 크다고 흉내를 내지만 작다. 크다고 고집
피우는 자는 못나고 어리석은 자다. 이런 자는 오래전부터(전생)
작았다.

나는 세 가지 보물을 지키고 보존한다. 첫째는 자비심이고, 둘째는
검소함(무소유)이고, 셋째는 천하보다(무의 세계) 먼저 앞서려 하지

않음이다.

자비심 때문에 용기를 낼 수 있고, 검소함(무소유) 때문에 여유로움을 낼 수 있고, 천하(무의 세계)보다 먼저 앞서려 하지 않기 때문에 성인이 되는 것이다.

만약 자비심을 버리면 용기도 없어지고, 검소함(무소유)을 버리면 여유로움도 없어지며 후를 버리면 선도 없어지는데, 이것은 멸(사)하는 것이다.

자비로운 사람은 싸우면 이기고, 자비심으로 지키면 견고해진다. 천하를 구하고자 하는 자는 자비심을 지켜야(유지) 한다.

해설 ▷▷ 이 장에서는 소인과 대인(성인)을 비교하며 대인(성인)의 길은 자비심(덕)과 공의 이치를 깨닫고 행동하는 것이라고 설명한다.

세상 사람들이 저마다 크다고 흉내를 내지만 작다. 크다고 고집 피우는 자는 못나고 어리석은 자다. 이런 자는 오래 전부터(전생) 작았다.

공의 이치가 한때는 강하면 한때는 약하다. 고로 약한 것이다. 그러나 한때의 호기와 물질적 여유로 자신이 강하다고 하지만 천지天地의 무서움을 안다면 감히 강하다 할 수 없다.

물질만능의 세상에는 높은 자리에 있다고, 돈 많고 큰 집 있다고, 좋은 차 타고 다닌다고, 법 좀 알고 학벌이 좀 있다는 이유 등으로 자신을 크게 보고 갑질의 유세를 하거나 타인을 입신여겨 사회적 물의를 일으키는 사람들이 종종 있다. 이런 자들은 노자가 말하는 공의 법칙으로 보면, 처음부터(전생) 작았다고 하면 공의 법칙으로 보면 큰 다음은 작아지니 때가 지난 후에는 작아지는 것이다.

나는 세 가지 보물을 지키고 보존한다. 첫째는 자비심이고, 둘째는 검소함(무소유)이고, 셋째는 천하보다(무의 세계) 먼저 앞서려 하지 않음이다.

첫째, 자비심慈悲心이란?

불교에서는 부처님이 중생들에게 베풀어주시는 은혜를 대자대비大慈大悲하시다고 한다. 즉 자비심이 큼을 의미한다. 자비심은 불교의 창시자이신 석가모니불이 왕자 시절 병든 사람, 늙어 가는 사람, 굶는 사람, 죽어 가는 사람 등을 보며 중생 구제를 위하여 왕자의 지위를 버리고 구도자의 길을 선택하였듯이 상대의 측은함을 보고 배려, 베풂, 이해, 사랑 등을 행하는 것으로 너에게 덕을 쌓는 천성의 마음이다.

왜 이렇게 아픈 사람이 많아 병원마다 장사진을 이루는가?

왜 이렇게 송사가 많아 법원마다 장사진을 이루는가?

왜 이렇게 죄 지은 사람이 많아 교도소마다 장사진을 이루는가?

태어나 먹고살려고 한 것뿐인데 그것이 죄로다.

상을 보고 마음도 아닌 것이 마음에서 주기적으로 일어나는 그 허무와 공허함을 누가 막을 수 있겠는가?

진정 변하지 않는 '배려'란 본인 외 모든 사람, 더 나아가 생명력 있는 모든 존재(동물과 식물…)를 이해하는 것이다.

진정한 배려는,

하나, 자비심으로 상대를 배려하는 것이다.

둘, 사랑심으로 상대를 배려하는 것이다.

셋, 많은 사람으로 인하여 고생을 많이 하고 깨달음을 얻어 뒤에 상대의 입장을 알아 배려하는 것이다. (일상의 사람은 여건과 환경에 따라 행하기는 어려울 수도 있다.)

생활에서 배려는 관계하는 상대방의 성품에 맞게 처신과 대우를 적절히 해주는 것이다. 반대로 자신의 성품에 맞게 상대를 상대하면 이것은 배려가 아니라 오히려 괴롭히는 것이 될 수도 있으며 더한 경우 인연이 끝날 수도 있다.

둘째, 검소함(무소유)이란?

검소함이 무조건 아끼는 것이라고 생각하면 큰 오산이다. 이 글 노자 도덕경은 덕을 쌓아 좋은 길을 가도록 가르쳐주는 책이다. 여기서의 검소함은 무소유를 행하는 것을 말하며 앞서 표현한 공의 법칙으로 무소유는 소유를 만들어준다.

소유所有란?

자신이 가지고 있는 부동산, 동산, 재능, 자격증, 기술 등 현재 눈에 보이는 물질, 능력 등과 앞으로 나타날 물질과 능력(무소유) 등을 합친 것을 말한다. 이런 연유로 소유는 앞으로 나타날 무소유로 인하여 변할 수 있다.

'**소유所有＝유소유有所有＋무소유無所有**'로 공의 이치가 성립한다. 상기 공식을 바꾸면 '**유소유有所有＝소유所有－무소유無所有**'로 '공의 이치'가 성립한다.

이는 보이는 내 재산이 무소유의 크기에 따라 다른 결과를 가져온다는 것을 보여준다. 자신의 보이지 않는 복福(무소유)이 많다면 유소유는 많아질 것이지만 자신의 보이지 않는 복福(무소유)이 없다면 유소유는 커지지 않고 계속 빠져나가기 때문에 밑 빠진 장독에 계속 물을 붓는 것과 같을 수 있다.

인생살이 열심히 하고 부지런히 하면 유소유가 어느 정도는 늘어날 수 있지만 진정 부자는 무소유가 늘어나야 자신이 소유하는 유소유가 늘어날 것이다.

이런 연유로 사람의 앞일은 모른다고 하고, 장담을 하여서는 안 되는 것이며, 사람의 능력 또한 무한한 것이다.

'**무소유無所有＝소유所有－유소유有所有**'로 '공의 이치'가 성립한다.

결국 무소유는 가진 유소유를 많이 뺄수록 무소유가 많아지며, 이는 결국 비우는 것을 깨달아야 함을 말한다. 무소유는 덕을 쌓는 것과 같다. 이는 내 재산의 일부만 빠져나가고 참돈만 남게 되는 것이다.

실제로 재산이 들어와 모이는 돈을 '참돈'이라 하고 들어오는 데로 이유도 없이 빠져나가는 돈을 '거짓 돈'이라 하는데, 무소유를 모르면 내가 가진 유소유의 돈은 어떤 식으로 언제 내 손에서 거짓 돈으로 빠져나갈지 모른다. 또한 무소유를 행하면 하는 일이 모두 쉽게 풀리는 것을 경험할 것이다.

부잣집에 태어나거나 하는 일이 잘되어 부자가 되고 행복을 함께 느끼는 사람은 무소유의 양이 많기 때문에 소유가 함께 늘어나는 것이다.

무소유는 덕을 많이 쌓으면 커진다.

셋째, 천하보다(무의 세계) 먼저 앞서려 하지 않음이다.
공의 법칙이 먼저 가면 뒤에 가서 공을 이루기 때문이다.

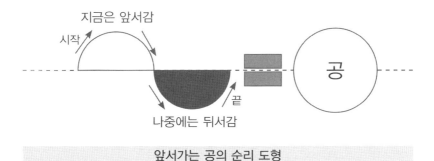

앞서가는 공의 순리 도형

이 도형은 깨달음이 없는 사람은 먼저 앞서가려 하지만 천지의 공의 법칙은 그렇지 않다는 것을 보여주어 안타깝다.

노자가 말하는 앞서가려 하지 않음을 공의 도형으로 살펴보면

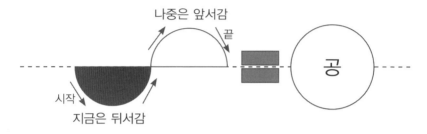

뒤서가는 공의 순리 도형

다만 이 뒤서감이란 아무것도 안하는 것이 아니고 때를 기다리며 열심히 공(노력)을 들이는 것도 포함된다.

때를 기다린 사람 중에 유명한 분은 주나라 강태공이라 할 수 있다. 강태공이 아무것도 하지 않은 것이 아니라 천하를 읽는 눈을 가지려고 노력한 결과 천지(무의 세계)의 도움으로 무왕을 만나 은나라를 멸망시키고 주나라를 건국하는 데 큰 일을 달성했다.

이 세 가지 중에 가장 으뜸은 자비심이다.
자비심은 선근으로 공음덕을 행하는 것이다.

너를 위한 기도는 나를 위한 기도가 되며 그 크기와 양에 따라 나의 복福도 장구長久(길고 오래감)할 수 있고, 나를 위한 기도는 크기와 양에 관계없이 장구할 수 없다.

제68장

善爲士者不武
선 위 사 자 불 무

善爲士者不武 善戰者不怒 善勝敵者不與 善用人者爲之下
선 위 사 자 불 무 선 전 자 불 노 선 승 적 자 불 여 선 용 인 자 위 지 하

是謂不爭之德 是謂用人之力 是謂配天古之極也
시 위 부 쟁 지 덕 시 위 용 인 지 력 시 위 배 천 고 지 극 야

선으로 행하는 선비는 무력을 쓰지 않고, 선으로 싸우는 자는 성내지 않고, 선으로 적을 이기는 자는 적과 맞서지 않고, 선으로 사람을 쓰는 자는 자기를 낮춘다.

이것을 일러 싸우지 않는 덕이라 하고, 사람을 잘 쓰는 능력이라고 하며, 하늘의 도와 부합하는 자고이래의 최고의 도라 할 수 있다.

해설 ▷▷ 이 장에서는 덕을 행하는 자를 선자善者라 하며 덕으로 행하면 적수가 없으며 만사형통을 이루는데, 이는 최고의 공을 이루는 것이라고 설명한다.

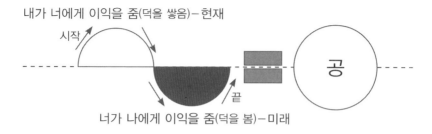

내가 너에게 이익을 줌(덕을 쌓음) – 현재

시작

끝

너가 나에게 이익을 줌(덕을 봄) – 미래

덕의 공의 도형

공의 법칙의 엇박자의 원리와 순리에 의하여 현재 내가 너에게 덕(이익을 준다)을 쌓으면 시간이 지난 미래에는 너가 나에게 덕을 주고 하나의 공을 이루고 소멸한다.

너가 나에게 준 덕은 내가 나의 입장에서 보면 복이라 한다.

덕을 쌓아 보면 오묘하고 미묘하게 돌아오는 복을 느낄 수 있을 것이다.

불공佛供의 공空

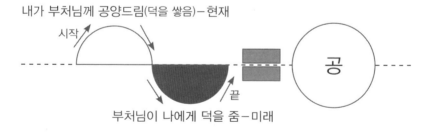

내가 부처님께 공양드림(덕을 쌓음) – 현재

시작

끝

부처님이 나에게 덕을 줌 – 미래

덕의 공의 도형

많은 불자들이 절에 가서 부처님 전에 공양을 올리는 것은 부처님으로부터 가피加被를 받기 위해서다.

덕德을 쌓는 길이 내가 살아가는 최고의 좋은 길[道]이다.

자업자득自業自得의 공

자기가 저지른 일의 과보가 자기 자신에게 돌아감을 뜻하는 한자성어로 사필귀정과 같은 맥락이다.

공의 도형으로 살펴보면

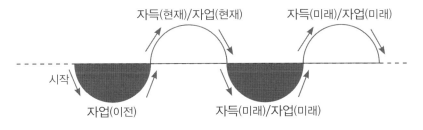

자업자득의 공의 도형

상기 도형에서 자업과 자득은 공을 이루지만 무지한 사람들은 남 탓만 하니 자업과 자득이 따로 돌아가는 것이며, 이는 한 때는 잘되게 돌아가고 한때는 잘 안 되게 돌아가는 나의 길을 말해주고 있다.

用兵有言
용 변 유 언

用兵有言
용 변 유 언

吾不敢爲主而爲客 不敢進寸而退尺 是謂行無行
오 불 감 위 주 이 위 객 불 감 진 촌 이 퇴 척 시 위 행 무 행

攘無臂 執無兵 扔無敵 禍莫大於輕敵 輕敵幾喪吾寶
양 무 비 집 무 병 잉 무 적 화 막 대 어 경 적 경 적 기 상 오 보

故抗兵相若 哀者勝矣
고 항 병 상 약 애 자 승 의

병법에 이런 말이 있다. 내가 감히 침범하지 말고 수세만 취하고, 감히 한 치를 전진하지 말고 한 자를 후퇴하라. 이것은 행동 아닌 행동을 하는 것이다.

팔이 없는데 훔치려고 하고, 무기가 없는데 잡으려고 하고, 적 없이 부수려고 하는 것 같다. 큰 화를 막지 못하는 것은 적을 가볍게 보기 때문이며 적을 가볍게 보면 나의 중요한 것(보배)을 잃게 된다. 그러므로 서로가 싸우게 되면 자애로운 자가 이긴다.

해설 ▷▷ 이 장에서는 사람 살아가는 지혜를 설명하고 있다.

팔이 없는데 훔치려고 하고, 무기 없는데 잡으려고 하고, 적 없이 부수려고 하는 것 같다.

이 내용들은 공을 이루지 못하고 한쪽만 있는 경우를 예를 들어 설명한 것이다. 즉 원만하지 못함을 뜻한다.

허공虛空(허무虛無)

허는 빌(비어있음) 허虛를 말한다. '무의 세계'가 비어 있을 때를 '허무'라 하며, 허무가 빠진 상태는 공을 이루지 못하기 때문에 허공이라 한다.

사람이 타고날 때부터 '공 안 중'에서 '유의 세상'에 태어나지만 '무의 세상'도 함께 존재한다. 사람은 태어나 살아가면서 눈에 보이는 '유의 세계'만 보고, 보이지 않는 '무의 세계'는 모르고 살아간다. 그러다 때가 되면 마음이 허공과 같이 허무를 느낀다. 사는 것 자체가 허무함을 느낄 때도 있다. 이것은 '공의 세상' 때문에 올 수밖에 없는 현상이다. 이 현상은 자신의 마음으로 불어오니 바람이며, 오묘하고도 미묘함을 일으킨다.

그 허공과 같은 허무를 채우기 위해 '유의 세계' 안에서 사람으로 채우거나 동물, 식물, 여행, 취미 등 물질에서 그 허무를 채운다. 허무나 허공을 느낄 때 '유에서 유'를 찾으려고 하지만 결국은 일시적일 뿐 진정으로 허무를 벗어나지 못한다. 유(상)는 때가 되면 사라지니(이별, 소멸, 무의미 등) 또다시 허공과 같은 허무를 느끼며 계속 반복한다. 그러나 죽음으로서 '무의 세계'로 귀환한다.

또 허무는 세월이 흐르면 무디어지나 사라지지는 않는다. 이는 진정한 '무', 즉 깨달음을 얻지 못하면 허무한 마음은 소멸 되지 않는다.

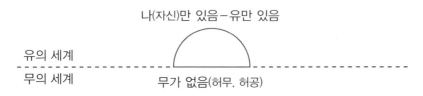

상기 도형에서 자신이 무를 채운다면 공을 이루어 만족을 하게 되지만 무가 없으면 공을 이루지 못하여 허공 상태가 되어 허무함을 느끼는 것이다.

허무, 허공를 느끼는 이유는

하나는 너(나에게 귀하고 소중한 너)와 조화를 이루지 못하고 비어 있음을 느낄 때 허무를 느낀다.

하나는 나에게 보이지 않는 무아를 느끼지 못할 때 자신의 허무를 느낀다. (자신을 수신하지 못하는 경우에 이유도 없이 마음으로 허무가 일어난다.)

하나는 '무의 세계'를 믿지 않을 때 허무를 느낀다. 이는 종교(신)를 믿지 않으면 허무를 느끼는 것이다. '허공'의 극을 이루면 '공'을 이룬다.

모든 허무는 엇박자인 너와 조화롭게 '공'을 이루지 못할 때 '허무나 허공'을 느끼게 된다.

  나(본질) = 유아有我 + 무아無我

       = 유의 세계 + 무의 세계

       = 나 + 너

여기서 무아, 무의 세계, 너가 빠지면 허무를 느낀다.

인생무상人生無常의 공空

  덧없는 인생살이를 말하고, 나이가 들어 몸이 약해지고 살아온 날에 대한 후회나 미련 등의 인생무상을 느끼는 것은 '무의 세계'로 다가가고 있음을 말한다.

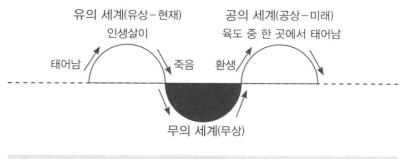

인생무상 공 도형

  공의 도형에서 인생살이하다 말기가 다가오면 자연스럽게 무상함을 느끼는 것은 '공의 법'의 '공의 이치' 때문이다. 잘 살아왔든 못 살아왔든 관계없이 무상함을 느끼게 된다. 이런 연유로 죽기 전에 살아온 인생의 욕심이나 자존감은 필요 없음을 느끼는 것이며, 죽을 때 0.1원의 돈도 '무의 세계'로 가져 갈 수 없다.

'무의 세계'로 입성(저승길)하는 노잣돈으로 음양오행의 나(가족 =처, 자)와 너에게 적절히 베풀면 된다.

그러므로 서로가 싸우게 되면 자애로운 자가 이긴다.

이 내용은 덕 있는 자가 이기는 것을 말한다.

제70장

吾言甚易知
오 언 심 이 지

吾言甚易知 甚易行 天下莫能知 莫能行
오언심이지 심이행 천하막능지 막능행

言有宗 事有君 夫唯無知 是以不我知
언유종 사유군 부유무지 시이부아지

知我者希 則我者貴 是以聖人 被褐而懷玉
지아자희 칙아자귀 시이성인 피갈이회옥

나의 말을 쉽게 알 것 같고 쉽게 행할 것 같지만, 천하의 깊이를 알 수 있는 사람은 없고 행할 수 있는 사람도 없다.

말에 근본이 있고 일에는 현자가 있다. 하지만 무지한 자들은 나를 모른다. 나를 아는 자는 드물고 이치를 아는 자는 귀중하다. 그러므로 성인은 천한 옷을 입고 있지만 속에는 옥(보배)을 품고 있다.

해설 ▷▷ 이 장에서는 공의 법칙을 머리의 지식으로 아는 것과 행동으로 지혜를 쌓은 것의 차이를 말하며, 그러므로 성인의 깊이를 알기 어렵다고 말한다.

말보다 쉬운 것은 없고 행동보다 어려운 것이 없다. 이런 연유로 어떠한 달콤한 말과 글도 몸으로 행하지 않으면 모두 허망한 것이다.

말로는 무엇이든 할 수 있고 거짓도 진리로 만들 수 있다. 공의 진리는 많은 고생과 고행으로 얻는 것이기 때문에 똑똑한 머리로 이해한다고 깨닫는 것이 아니며 영리하여 수단을 쓴다고 얻는 것이 절대 아니다. 자칫 자만하다 모든 것을 잃을 수 있다.

세상살이는 화려한 겉모습보다는 머릿속에 든 지식이 낫고 머릿속 지식보다는 세상살이 진리를 아는 것이 더 낫다.

제71장

知不知上
지 부 지 상

知不知上 不知知病 夫唯病病 是以不病
지부지상 부지지병 부유병병 시이불병

聖人不病 以其病病 是以不病
성인불 병 이기병병 시이불병

알면서 모르는 척하는 것은 최상이고 모르면서 아는 척하는 것은
병이다. 다만 모르는 것을 모른다고 하는 것은 병이 아니다.
성인은 병을 앓지 않는다. 이는 모르는 것은 모른다고 하기 때문
에 병이 없는 것이다.

해설 ▷▷ 이 장에서는 세상 진리(공의 법칙)를 안다고 하는 자의
지식은 병이고, 모른다고 하는 자의 지혜는 최상의 덕이라고 설명
하고 있다.

공의 세상은 공한 연유로 인간의 지식과 능력으로는 가히 알기
어려운 경지이기 때문에 성인은 모르는 것은 모른다고 하여 번뇌
를 일으키지 않는다. 하지만 범부凡夫들은 100년도 못 살면서 가히
똑똑하다 설치고 자랑하고 나불데다가 사람들을 현혹시킨 잘못으

로 시간이 지나면 화로 되돌려 받는다.

위의 내용들을 중용의 1장 2절과 3절을 인용하여 설명한다면 다음과 같다.

1.2   道也者, 不可須臾離也, 可離, 非道也。是故君子戒愼乎
　　　 도야자　불가수유리야　가리　비도야　시고군자계신호

　　　 其所不睹, 恐懼乎其所不聞
　　　 기소불도　공구호기소불문

1.2   도라는 것은 잠시라도 떠날 수 없는 것이고, 만약 떠날 수 있
　　　 는 것이면 그것은 도가 아니다. 이런 연유로 군자는 사람이 없
　　　 어도 항상 조심하고 삼가며 듣는 사람이 없어도 두려워하고
　　　 경계한다.

1.3   莫見乎隱, 莫顯乎微, 故君子愼其獨也
　　　 막현호은　막현호미　고군자신기독야

1.3   세상에 드러나지 않는 것은 없다. 아무리 작은 소리도 들리기
　　　 마련이다. 이런 연유로 군자는 홀로 있을 때에도 몸가짐이나
　　　 언행을 조심한다.

번뇌煩惱는 병病이다

번뇌

사람은 움직일 때마다 몸에서 에너지가 빠져 나가고, 반면 머리(정신)로 생각이 하나 들어온다. 이렇게 보이지 않는 상태로 정신으로 들어온 생각은 마음을 거쳐 행동으로 빠져나간다. 곧 자신이 돌고 있는 것이다. 이 과정에서 욕심과 성냄, 어리석은 일들을 만든다.

좋은 일은 활력이 생기나 나쁜 일은 번뇌가 생겨 나를 괴롭게 한다. 세상 이치가 좋은 일 다음에는 안 좋은 일이 엇박자로 계속 돌기 때문에 번뇌에서 벗어날 수 없다. 머리로 들어오는 정신의 생각은 오묘하고도 미묘하여 자기 자신도 다스리기 어렵다. 깨닫지 못한 사람은 죽을 때까지 그 생각으로 인한 번뇌에서 벗어나지 못한다.

타고난 정신적 번뇌는 어쩔 수 없으나 자신의 행동으로 인한 번뇌는 줄이거나 소멸시킬 수 있다.

번뇌를 끊는 길

몸이 휴식을 취할 때 머리로 들어온 생각을 마음이 중심(좋은 일과 나쁜 일을 가려낸다)을 잡아 반성하고 다시 일어나지 않도록 다짐하며, 행동으로 노력하여 차츰차츰 하나씩 줄여 나가야 한다. (그날그날 공을 이루고 소멸시키는 연습을 말함. 여기서 잘못한 것은 반성하여 깨달음을 얻어야 한다.)

사람의 움직임이란 몸동작도 있지만, 입으로 말하는 것도 몸의 움직임이니 말하는 입을 조심하여야 함을 말한다. 결국 번뇌가 일어나면 내가 피곤해지니 내 자신을 위해서 번뇌를 끊도록 노력하여야 한다.

참고로, 타고난 성품과 살아온 환경으로 인하여 자신의 의식을 바꾸기는 참으로 쉽지 않다. 그러나 바꾸지 않으면 결국 자신에 의해서 번뇌를 계속 일으키게 되고 끝까지 번뇌에 살며 불운하게 살다가 죽을 수 있다.

자신이 살아온 의식의 변화는 하늘의 별 따기만큼 어렵기도 하고, 또한 종이 한 장 뒤집듯 쉽게 할 수도 있다.

번뇌를 일으키는 원인

첫 번째, 너에게 피해를 주지 말아야 한다. (특히 언행을 조심해야 한다.) 또한 너의 감정을 건드리지 말아야 한다. 너에게 피해를 준 만큼 나에게도 안 좋은 일이 일어나게 되어 있다.

두 번째, 자신의 체력을 유지하여야 한다.

사람마다 각자의 에너지량이 있다. 자신의 에너지량을 100%라 했을때 100%까지는 자신을 절제할 수 있으나 1%, 즉 101%부터는 절제가 되지 않는다. 이때 자신의 성품과 삼독(탐, 진, 치)이 발동하여 성냄, 짜증, 분노, 폭력, 살인 등으로 나타나며 타인과의 좋은 인연도 끝날 수 있다. 심한 경우는 자신의 인생을 망칠 수 있다.

그러므로 자신의 에너지를 100% 이상 쓰지 않도록 자신의 몸

상태를 알고 유지하여야 한다. 또는 수련, 고행, 운동 등으로 단련하여 에너지를 키워야 한다. 특히, 감정을 내세우는 경우 에너지소모가 급속히 빠르니 조심하여야 한다. 어떠한 날은 일진이 안좋아 몸 상태가 조금씩 다를 수 있으니(에너지량이 평소와 다르다.) 이또한 자신이 알아야 한다.

예를 들어 비교하면, 나를 100%라 기준하면 전문적 운동선수는 나와 비교하여 200%로 예상하고, 움직임이 적은 사람은 나와 비교하여 50%로 예상할 수 있다. 전문적인 운동선수도 내가 본 200%는 자신이 볼 때는 100%가 되며 자신에게 맞게 활동을 한다. 움직임이 적은 사람도 내가 본 50%는 자신이 볼 때는 100%가 되며 자신에게 맞게 활동을 한다. 참고로 사람마다 선천적으로 타고난 체력이 다르다.

몸이 아프거나 약한 사람이 짜증을 많이 내는 것은 그만큼 자신의 에너지량이 작아져서 조금만 움직여도 자신의 에너지 100%를 소진하기 때문이다.

몸이 아픈 사람을 간병하는 사람이나 몸이 약한 사람과 함께하는 사람은 에너지량이 많은 사람이 곁에 있다면 조화를 이루어 둘다 좋은 결과를 가져온다.

공空과 정성精誠

공功을 들인다는 것은 자신이 하는 일과 하고자 하는 일에서 정성精誠(정할 정精, 정성 성誠)을 들이는 것이다. 이 정성精誠은 그 분아의 진문가가 되기 위하여 헌신의 노력을 다하는 것인데, 과정을 거쳐가는 동안 노력으로 그 일에서 처음과 끝을 볼 수 있는 능력과 그 일의 과정에서 보이지 않는 변수에도 대응할 수 있는 정도가 되어야 하지 않겠는가?

이 정성으로 너에게 덕德을 베푼다면 자신에게도 복福을 받을 수 있을 것이다. 이 정성의 공功으로 정도를 걷는다면 반드시 인생에서 공空을 이룰 수 있을 것이다.

정성精誠을 들이는 것도 자신의 수행 과정이라 할 수 있다. 1원의 돈이나 1억의 돈도 너에게는 중요하니 나는 그 돈의 가치를 중요하게 생각하고 정성을 들여야 한다.

어슬픈 재주와 기술로 너를 현혹시킨다면 어찌 정성을 들였다 할 수 있겠으며 성공을 바랄 수 있겠는가?

자신만 잘 먹고 잘살려고 들이는 정성은 아무짝에도 필요 없다. 시간이 지나면 그 이유를 알게 된다. 자신의 일이 순조롭지 못한 것을….

나름대로 정성을 들이지만은 정성만큼이나 돌아오는 대가가 부족한 경우도 있다. 이는 정성이 부족한든가 아니면 천지天地와 조화를 이루지 못한 결과다.

지성至誠이면 감천지感天地이다.

정성이 지극하면 하늘과 땅도 감동하여 도와준다는 뜻으로 무슨 일이든 정성을 다하면 좋은 결과를 맺는다는 뜻이다. 달리 말하면 땅에서 엄청난 정성을 들이기에 따라 하늘도 감동하여 도와

준다는 뜻이다. 정직한 의식, 정성을 들이는 행동과 책임을 지는
마음을 갖고 살아야 한다.

정직正直한 의식意識,

정성精誠을 들이는 행동行動,

책임責任을 지는 마음心을 갖는다면 이 사람은 어떤 자리에

있든 말년은 가히 빛나리라.

**인생살이 자신의 근본 기준을 만들어야 한다. 이 근본 기준은 공의
세계의 중(中)이라 한다.**

옳고 그름의 근본 – 잘한 일들과 못한 일들의 구분을 알아야
　　　　　한다.

큰일과 작은일의 근본 – 무엇이 중하고 무엇이 중하지 않음을
　　　　　구분할 줄 알아야 한다.

득과 실의 근본 – 만사 정당하고 공정하게 능력이상으로 이익
　　　　　을 봤는지 손해를 봤는지 구분할 줄 알아야 한다.

　　　　　이는 물질적, 정신적, 육체적 상호 작용으로 전체적으
　　　　　로 보는 근본을 말함.

　　　　　예를 들어, 자신의 능력에 대비하여 상대에 따라 금적
　　　　　적으로 적게 받아도 내 정신적으로 행복함을 느낀다면
　　　　　이는 근본을 갖추었다고 볼 수 있다.

못하는 일과 안하는 일의 근본 – 자신의 능력과 자신의 의지를
　　　　　구분할 줄 알아야 한다.

혼사서 할 수 있는 일과 더불어 힐 수 있는 일올 구분할
줄 알고 할 수 있는데도 하기 싫은 일을 구분할 줄 알아
야 한다.

이 근본을 만드는데는 많은 시간과 노력과 정성을 들여야 하지
만 이 공의 근본을 만들어 천심으로 행동할 수 있다면 이 사람은
세상을 보는 참 현자며 만사형통을 이룰 수 있다.

제72장

民不畏威
민 불 외 위

民不畏威 則大威至 無狎其所居 無厭其所生
민 불 외 위 즉 대 위 지 무 압 기 소 거 무 염 기 소 생

夫唯不厭 是以不厭
부 유 불 염 시 이 불 염

是以聖人 自知不自見 自愛不自貴 故去彼取此
시 이 성 인 자 지 불 자 현 자 애 불 자 귀 고 거 피 취 차

사람(백성)들이 법칙(공의 법칙)을 조심하지 않으면 곧 큰 두려움에 이른다(화를 입음). 무에 익숙한 그곳이 사는 곳이며 무를 따르는 그곳은 생기게 된다. 만약 따르지 않는다면 옳은 것을 따르지 않는 것이다. 그러므로 자신은 알되 자기를 드러내지 않고 자신을 아끼지만 귀하게 여기지 않는다. 고로 저것을 버리고 이것을 취한다.

해설 ▷▷ 이 장에서는 공의 세계 중 무의 세계(보이지 않는 세계)와 더불어 하고 있는 것을 설명한다. 그리고 이 이치를 모르면 그 화를 당할 수 있음을 말한다.

사람(백성)들이 법칙(공의 법칙)을 조심하지 않으면 곧 큰 두려움

에 이른다. (화를 입음)

세상살이가 얼마나 어려운가는 살아온 사람들은 누구나 다 안다. 내 정신적, 물질적, 육체적 어려움, 내 부모 형제, 자식들로 인한 어려움, 사회생활로 사람들과 함께하며 겪는 어려움 등 살아가면서 무수히 겪는 어려움들은 모두 돌아가는 공의 이치 때문이며 그 법칙을 모르기 때문에 일어난 어려움이다.

무에 익숙한 그곳이 사는 곳이며 무를 따르는 그곳은 생기게 된다. 만약 따르지 않는다면 옳은 것을 따르지 않는 것이다.

사람들은 모두 자신의 뜻대로 만사가 이루어지지 않는 것을 알고 있다. 이는 무의 세계와 공유하기 때문이다. 우리는 보이지 않는 공기와 항상 함께 살아가고 있고, 또한 무명(이름이 없고 존재도 없음)에서 유명(물건이 있고 이름도 있음)으로 생기게 된다. 이 이치가 공의 법칙으로 만고불변萬古不變의 법칙이며 창조주께서 만든 정도定道(정한 길-옳은 이치)이므로 이를 따르지 않는다면 정도正道의 길을 가지 않는 것이다. 정도의 길을 가지 않으면 괴로운 것은 자기 자신뿐이다.

많은 사람들이 각자의 종교의 신神을 찾아 절이든 성당이든 교회든 또는 나름의 처소를 찾아 기도하고 기원하는 것도 우리 일상에서 무의 세계와 함께하고 있는 것이며, 그로 인하여 또한 생기는 것이다.

결국 인간은 보이지 않는 무의 세계와 항상 공존하고 있는 것이다. 다만 노자는 종교의 신들을 무의 세계로 표현하였다.

공의 도형으로 살펴보면

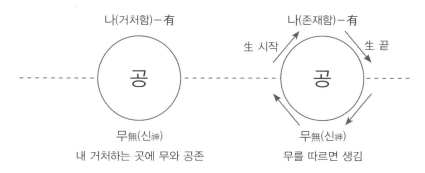

나(거처함)-有 　　　　　　나(존재함)-有
生 시작　　　　　生 끝
공　　　　　　　　　공
무無(신神)　　　　　　　무無(신神)
내 거처하는 곳에 무와 공존　　　무를 따르면 생김

나와 무는 공존의 공의 도형

상기에서 내가 거처하는 곳에 무와 공존하는 것은 '공의 원리'
이며 무를 따르면 생기는 것은 '공의 순리'이다. 이런 연유로 성인
은 공의 정定한 법칙을 바르게(正道) 따르는 것이다.

내 마음대로 하고 사는 것이 진정 잘하고 사는 것인가?

걸론은 긴 여정의 인생실이로 볼 때는 안 좋은 형배이다. 내 마
음대로 하고 사는 것은, 살다 보면 내 마음대로 안 된다는 것을 알
게 된다. 또한 상대(부모, 자식, 형제자매, 주위 사람)에게 내 마음대로
하고 사는 것 때문에 알든 모른든 피해를 주게 되면 결국은 그것
으로 내가 괴로움에 빠지는 결과를 가져온다. 인생살이 100살까지
누가 장담하겠는가?

제73장

勇於敢則殺
용 어 감 즉 살

勇於敢則殺 勇於不敢則活 此兩者 或利或害
용 어 감 즉 살 용 어 불 감 즉 활 차 양 자 혹 리 혹 해

天之所惡 孰知其故 是以聖人猶難之
천 지 소 오 숙 지 기 고 시 이 성 인 유 난 지

天之道 不爭而善勝 不言而善應 不召而自來 繟然而善謀
천 지 도 부 쟁 이 선 승 부 언 이 선 응 불 소 이 자 래 천 연 이 선 모

天網恢恢 疎而不失
천 망 회 회 소 이 불 실

감히 살려고 하면 죽을 것이고 감히 죽으려 하면 살 것이다. 이 둘 중에 어떤 것은 이롭고 어떤 것은 해롭다.

천이 싫어하는 것을 누가 그 까닭을 알겠는가? 그러므로 성인도 이를 어렵게 여긴다.

천도는 경쟁하지 않아도 이기고(조화를 이룸) 말없이 잘 응하며(조화를 이룸) 부르지 않아도 저절로 오고 느릿느릿하면서도 잘 도모한다. (조화를 이룸) 천(공)은 넓고 넓어서 사이가 틈이 있는 듯하지만 없다.

해설 ▷▷ 이 장에서는 공의 순리와 공의 오묘한 이치를 설명한다.

감히 살려고 하면 죽을 것이고 감히 죽으려 하면 살 것이다. 이 둘 중에 어떤 것은 이롭고 어떤 것은 해롭다.

이 내용은 득도자가 할 수 있는 말이다.

必生卽死필생즉사, 必死卽生필사즉생

살려고 하면 죽을 것이고, 죽으려 하면 살 것이다.

필생즉사必生卽死 필사즉생必死卽生의 공

이 글의 뜻을 이해하는 자는 깨달음을 얻은 사람이라 할 수 있다. 이 글의 뜻을 공의 도형으로 살펴보면 앞서 표현한 따로 돌아가는 공과 함께 돌아가는 공을 의미한다.

따로 돌아가는 공(깨달음이 없을 때)

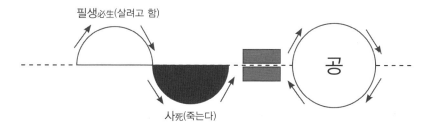

무지의 필생즉사의 공의 도형

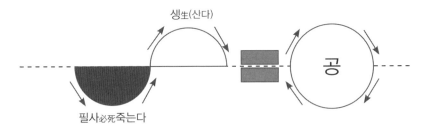

무지의 필사즉생의 공의 도형

상기 도형의 필생즉사나 필사즉생은 공의 법으로 때가 되면 무조건 돌아오지만 다만 그 깨달음을 모르면 돌아오는 주기를 모르기 때문에 인내하지 못하고 수단이나 부리며 죄업을 지을 수 있다.

반대로 깨달음을 얻은 **함께 돌아가는 공**을 살펴보면

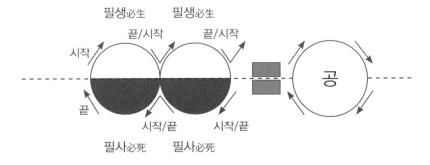

덕도의 필생즉사, 필사즉생의 공의 도형

상기 도형의 함께 돌아가는 공은, 인생을 살아오면서 겪는 고苦의 과정에서 끝까지 책임을 지겠다거나 의지나 욕심을 내려 놓는 비우는 마음에서 함께 돌아오는 이 뜻을 알게 한다. 단 이 깨달

음은 한두 번 정도로 알 수 없는 길이다. 이 또한 절대적인 너(신神의 존재, 내 무아無我의 존재, 너)를 절대적으로 믿어야 한다.

천이 싫어하는 것을 누가 그 까닭을 알겠는가? 그러므로 성인도 이를 어렵게 여긴다.

공의 세계는 오묘하고 미묘하게 되돌아오니 삼가고 조심하여야 하며 자신의 독백도 듣고 알고 있음을 명심하여야 한다. 이런 연유로 성인도 조심하는 것이다.

천(공)은 넓고 넓어서 사이가 틈이 있는 듯하지만 없다.

공의 기가 0.1초도 허용하지 않고 지켜보고 있으며 머릿속 정신에서 생각을 일으키는 것까지 지켜보며 엇박자로 만든다.

예를 들어 창조나 꿈도 정신세계에서 상상으로부터 일으키는 것이다. 이 또한 모두 지켜보고 있다.

民不畏死

민 불 외 사

民不畏死 奈何以死懼之
민 불 외 사 내 하 이 사 구 지

若使民常畏死 而爲奇者 吾將得而殺之 孰敢
약 사 민 상 외 사 이 위 기 자 오 장 득 이 살 지 숙 감

常有司殺者殺
상 유 사 살 자 살

夫代司殺者殺 是謂代大匠斲 夫代大匠斲者 希有不傷其手矣
부 대 사 살 자 살 시 위 대 대 장 착 부 대 대 장 착 자 희 유 불 상 기 수 의

사람들이 죽음을 두려워하지 않는다면 어찌 죽음으로 두렵게 할
수 있겠는가? 만약 그들로 하여금 항상 죽음을 두렵게 하고 그릇
된 짓을 하는 자를 내가 잡아죽일 수 있다면 누가 감히 나쁜 짓을
할 수 있겠는가?

항상 살인을 하는 자가 살인을 한다. 살인을 대신 맡아 하는 자도
살인을 한 것이다. 이것을 가리켜 장인이 계속 손으로 깎는 것과
같다. 장인을 하는 자는 자신의 손을 다치지 않을 수 없다.

해설 ▷▷ 이 장에서는 공의 인연법에 의하여 돌아가는 기를 설명

하고 있다.

사람이 함부로 죽지 못하는 것은 연의 끈이 있기 때문이다. 가족 동반 자살 같은 것도 연의 끈을 놓고 싶기 때문이다. 이 같은 경우는 끈을 만들어 놓은 부모님들 중 어머니에게 더욱 강하게 나타난다.

대한민국은 OECD 가입국 중 자살률이 1~2위를 차지하고 있는데 이는 물질적 풍요에서 오는 정신적 스트레스와 이기주의로 인한 박탈감, 허무함 등이 어루러진 합작품이라 할 수 있다.

죽고 싶은 마음은 누구나 다 항상 일어나지만 죽는다고 다 끝은 아니다. 이는 공의 법칙으로 윤회를 하기 때문에 끝이 끝이 아니다.

열반이라는 것도 이곳에서 현재를 살아가면서 항상 만들고자 노력하고 만들어 간다면 그것이 해탈이요, 천국이며 열반을 이루는 것이다.

항상 살인을 하는 자가 살인을 한다. 살인을 대신 맡아 하는 자도 살인을 한 것이다. 이것을 가리켜 장인이 계속 손으로 깎는 것과 같다. 장인을 하는 자는 자신의 손을 다치지 않을 수 없다.

깨닫지 못한 자의 공의 순리는 엇박자로 항상 돌아가기 때문에 그때그때 공을 이루고 소멸시키지 못하면 계속 맞물려 돌아가 그기에서 벗어나지 못한다. 이는 누구를 탓하기 이전에 자신을 깨닫는 노력을 엄청 많이 하여야 한다.

예를 들어 도둑질하는 사람이 계속 도둑질을 하는 것과 같다. 너에게 한 도둑질로 구치소나 교도소에 수감되어 죄값을 받고 석방이 되어 형식적으로는 죄와 벌이 공을 이루었지만, 본인 자신은 완전한 공을 이루지 못하여 꼬리를 물고 돌아가기 때문에 똑같은 범죄의 기를 일으키고, 또 행동을 하여 다람쥐 체바퀴 돌듯 인생을 허무하게 보낸다.

결국 살인자도 또 살인을 하고 장인도 손을 다치지만 계속 장인의 길을 가는 것을 말한다. 이것은 타고난 천성이며 돌아가는 공의 순리이기 때문에 벗어나기란 참으로 어렵다. 좋은 길은 다행이지만 너에게 피해를 주는 잘못은 네 인생도 큰 피해를 입는다는 것을 알아야 한다.

民之饑
민 지 기

民之饑 以其上食稅之多 是以飢
민 지 기 이 기 상 식 세 지 다 시 이 기

民之難治 以其上之有爲 是以難治
민 지 난 치 이 기 상 지 유 위 시 이 난 치

民之輕死 以其上求生之厚 是以輕死
민 지 경 사 이 기 상 구 생 지 후 시 이 경 사

夫唯無以生爲者 是賢於貴生
부 유 무 이 생 위 자 시 현 어 귀 생

사람들이 굶주리는 것은 위에서 세금을 많이 거두기 때문이다. 그
래서 굶주린다. 백성을 다스리기 어려운 것은 위에서 먼저 챙기기
때문이다. 그래서 다스리기 어려운 것이다. 백성들이 죽음을 가볍
게 여기는 것은 위에서 먼저 후안무치厚顔無恥하기 때문이다. 그래
서 죽음을 가볍게 여긴다.
살고자 하는 욕심을 비우고 사는 사람이 바로 현명하고 귀한 삶을
살아간다.

해설 ▷▷ 이 장에서는 깨달음이 없는 위정자들로 인하여 함께 살

아가는 사람들이 겪는 고통을 설명한다.

배운 자나 못 배운 자나 모두 욕심을 갖고 살아갈 수밖에 없다. 이는 이 땅에 태어났기 때문이다. 그러나 세상 이치를 깨닫지 못하고 살아간다면 자신은 물론이요, 그 가족, 그 사회, 그 국가까지도 위태롭게 만든다. 도는 덕이므로 내가, 가정이, 사회가, 국가가 좋은 길로 갈 수 있는 길은 항상 내가 아닌 너에게 덕이 되는 길뿐이다.

왕도 정치, 군주 정치, 독재 정치는 혼자 잘하면 되지만 진정한 민주주의는 대중이 흔들림 없이 중심을 잡아야 이루어지며, 지도자는 덕이 많아야 가능하다. 이는 중근을 가진 대중들이 하기에 따라 진정한 민주주의, 인류 국가를 이룰 수 있을 것이다. (제2장의 성선설, 성악설 참조)

대한민국이 일류 국가로 가는 길은 국가별로 분별하여 덕을 쌓으면 때가 되면 이루려고 하지 않아도 저절로 이루게 된다.(무위이무불위無爲而無不爲) 이 공의 법칙은 불변이며 국가는 물론이요, 개인에게도 같다.

人之生也柔弱

인 지 생 야 유 약

人之生也柔弱 其死也堅强

인 지 생 야 유 약 기 사 야 견 강

草木之生也柔脆 其死也枯槁

초 목 지 생 야 유 취 기 사 야 고 고

故堅强者死之徒 柔弱者生之徒

고 견 강 자 사 지 도 유 약 자 생 지 도

是以兵强則滅 木强則折

시 이 병 강 즉 멸 목 강 즉 절

强大處下 柔弱處上

강 대 처 하 유 약 처 상

사람이 살아 있으면 부드럽고 죽으면 뻣뻣해진다. 초목은 살아 있으면 유연하고 죽으면 딱딱해진다. 그러므로 굳고 강한 것은 죽음의 부류에 속하고, 부드럽고 약한 것은 살아나는 부류에 속한다. 이런 연유로 군대가 강하면 조금 있다가 패망하고, 나무가 강하면 조금 있다가 부러진다. 강대한 것은 낮은 곳에 있게 되고, 부드럽고 유약한 것은 높은 곳에 있게 된다.

해설 ▷▷ 이 장에서는 엇박자로 돌고 있는 공의 순리를 설명한다.

사람이 살아 있으면 부드럽고 죽으면 뻣뻣해진다. 초목은 살아 있으면 유연하고 죽으면 딱딱해진다.

태어나 때가 되면 죽고, 죽어서 때가 되면 다시 태어나고, 그러다 다시 죽고, 이렇게 업의 윤회를 계속하는데, 죽으면 공의 기가 빠져나가 뻣뻣하거나 딱딱해지며 이후 완전히 소멸하게 된다. 이는 공의 법칙이기 때문에 인간의 능력으로 어쩔 수 없다.

그러므로 굳고 강한 것은 죽음의 부류에 속하고 부드럽고 약한 것은 살아나는 부류에 속한다.

굳고 강함을 공의 도형으로 설명한다면

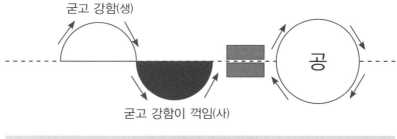

굳고 강함의 공의 도형

상기 도형에서 굳고 강한 것은 시간이 지나면 엇박자로 돌아와 공을 이루기 때문에 굳고 강함은 현재는 생이지만 후에는 사가 되는 것이다. 이런 연유로 죽음의 부류로 말한 것이다.

굳고 강함이란 자신을 너무 자신하거나 자만하는 것으로도 해석된다. 아무리 강한 것도 때가 되면 꺾이는 것이다.

부드럽고 약함을 공의 도형으로 설명한다면

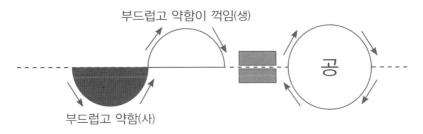

부드럽고 약함이 꺽임(생)

부드럽고 약함(사)

굳고 강함의 공의 도형

상기 도형에서 부드럽고 약한 것은 시간이 지나면 엇박자로 돌아와 공을 이루기 때문에 부드럽고 약함은 현재는 사死지만 후에는 생生이 되는 것이다. 이런 연유로 살아나는 부류로 말한 것이다.

부드럽고 약함이란 자신을 낮추고, 자신하거나 자만하지 않고 너에게 선善을 베푸는 것으로 해석할 수 있다.

강대한 것은 낮은 곳에 있게 되고, 부드럽고 유약한 것은 높은 곳에 있게 된다.

이 내용도 위의 공의 도형처럼 높은 것은 낮은 곳에 있게 되어 공을 이루고, 낮은 것은 높은 곳에 있게 되어 공을 이룬다. 다만 돌아오는 때가 오묘하고 미묘하며, 이것을 아는 자가 현자라 할 수 있다.

제77장

天之道 其猶張弓與
천 지 도 기 유 장 궁 여

天之道 其猶張弓與

천 지 도 기 유 장 궁 여

高者抑之 下者舉之 有餘者損之 不足者補之

고 자 억 지 하 자 거 지 유 여 자 손 지 부 족 자 보 지

天之道 損有餘而補不足

고 천 지 손 유 여 이 보 부 족

人之道 則不然

인 지 도 즉 불 연

損不足以奉有餘 孰能有餘以奉天下 唯有道者

손 부 족 이 봉 유 여 숙 능 유 여 이 봉 천 하 유 유 도 자

是以聖人 爲而不恃 功成而不處 其不欲見賢

시 이 성 인 위 이 불 시 공 성 이 불 처 기 불 욕 견 현

천도는 마치 활을 당기는 것 같다. 높은 쪽은 억누르고 낮은 쪽은 들어 올리는 것이다. 남은 것은 덜어버고 부족한 것은 보태주는 것이다. 천도는 남으면 덜어 버고 부족하면 보탠다.

인도는 그렇지 않다. 부족한데도 덜어 버고 남는데도 더 받는다.

누가 가지고 있는 것을 천하에 바치겠는가? 오직 도를 깨달은 사

람만이 할 수 있다. 이런 연유로 성인은 행동을 함에 자부하지 않고, 공을 이루고도 그 자리에 머물지 않는다. 그것은 욕심으로 자신의 현명함을 드러내지 않는다.

해설 ▷▷ 이 장에서는 공의 법칙과 이를 깨닫지 못한 사람들이 살아가는 길을 설명한다.

천도 – 남은 것은 덜어 내고 부족한 것은 보태주는 것이다.
천지가 돌아가는 길을 말한다.

공의 도형으로 살펴보면

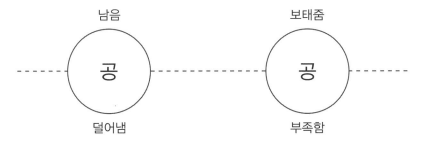

천도의 공의 도형

상기 도형에서 공의 세계는 항상 공을 이루기 때문에 노자는 남으면 덜어 내고 부족하면 보태준다고 설명하며 이를 천도라 한 것이다.

인도 – 인도는 그렇지 않다. 부족한데도 덜어 내고, 남는데도 더 받는다.

인간이 살아가는 길을 말한다. 물론 이는 깨닫지 못한 사람들의 살아가는 길을 말한다.

'부족한데도 덜어 내고'를 공의 도형으로 살펴보면

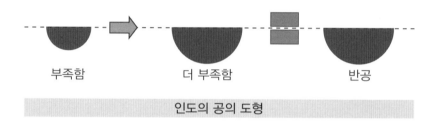

인도의 공의 도형

상기 도형은 자신 때문이든 너 때문이든 무지하여 부족한데도 더 빼앗기는 것을 말하며, 이는 공을 이루지 못하므로 결국 자신이 괴로움을 맞이한다.

'남는데도 더 받는다'를 공의 도형으로 살펴보면

인도의 공의 도형

상기 도형은 무지하여 자신의 욕심으로 더 가지려고 하는 것을 말하며, 이는 공을 이루지 못하므로 결국 자신이 괴로움을 맞이한다.

누가 가지고 있는 것을 천하에 바치겠는가? 오직 도를 깨달은 사람만이 할 수 있다.

이 내용은 무소유를 행함을 말한다.

성인의 공의 도형

상기 도형과 같이 소유하고 있다면 그만큼 적절히 자발적으로 내놓아 공을 이루어야 원만해지며 더욱 공이 커지는 상황을 맞이한다.

天下莫柔弱於水
천 하 막 유 약 어 수

天下莫柔弱於水 而攻堅强者莫之能勝 以其無以易之
천 하 막 유 약 어 수 이 공 견 강 자 막 지 능 승 이 기 무 이 역 지

弱之勝强 柔之勝剛 天下莫不知 莫能行
약 지 승 강 유 지 승 강 천 하 막 부 지 막 능 행

是以聖人云 受國之垢 是謂社稷主 受國不祥 是謂天下王
시 이 성 인 운 수 국 지 구 시 위 사 직 주 수 국 불 상 시 위 천 하 왕

正言若反
정 언 약 반

세상에 물보다 부드럽고 여린 것은 없다. 그러나 단단하고 강한 것
으로는 물을 이길 수 있는 것은 없다. 어떤 것도 그것을 대신할 수
없기 때문이다.

약한 것은 강한 것을 이기고 부드러운 것이 단단한 것을 이긴다는
것을 세상에서 모르는 사람이 없지만 이것을 행동으로 실천하는
사람은 없다.

이런 연유로 성인이 말씀하시길 나라를 위해서는 부끄러움도 감수
하면 이를 사직의 주인이라고 했으며 나라를 위해서는 궂은 일도 감
수하는 이를 세상의 왕이라고 한다. 바른 말은 마치 반대로 들린다.

해설 ▷▷ 이 장에서는 공의 이치의 깊은 뜻을 설명하고, 이 이치를 깨닫고 행동하다면 천하의 주인이 될 수 있다고 설명한다.

어떤 일을 하면서 "모르겠다"라고 말하는 것만큼 어리석은 말은 없다. 이는 무책임한 표현이며 상대에게 피해를 줄 수 있으니 조심하여야 한다.

내 탓과 너(남) 탓과의 차이 – '공의 이치'로 풀이하면

어떤 행동의 결과에 대하여 잘되었거나 못 되었을 때 그 결과에 대해 평가하거나 핑계(변명)하는 것을 말한다.

내 탓

내 탓은 자기 자신을 훈계하니 이는 수신을 말하며 '공의 이치'에 독자성을 적용한다.

남(너) 탓은 자기 자신을 깨닫지 못했기 때문에 독자성을 띠고, 너에게 피해를 주는 형태이니 상대성을 함께 적용한다.

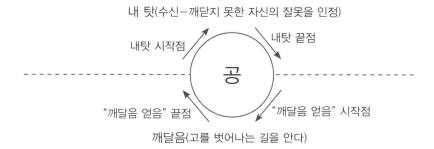

내 탓(수신–깨닫지 못한 자신의 잘못을 인정)

내탓 시작점　　　　내탓 끝점

공

"깨달음 얻음" 끝점　　　"깨달음 얻음" 시작점

깨달음(고를 벗어나는 길을 안다)

내 탓의 공空의 도형

"내 탓이오"는 내탓을 시작짐으로 출발히여 '공의 이치'에 따라 반원을 따라가다 보면 엇박자의 경계에 도달하며, 이 경계를 넘으면 내 탓이 깨달음(일어난 이유)으로 변하게 된다. 이 깨달음으로 변한 상태에서 시작하여 반원을 계속 가다 보면 깨달음의 끝점에 도달하며 이 도달한 경계를 끝점으로 처음 시작점(내탓)과 만나 하나의 공을 이룬다.

결국 '내 탓이오'는 깨달음을 얻는 것이며, 또한 앞으로 살아가는 방법을 아는 것이니 어떤 물질(동산이나, 부동산)을 갖는 것보다 귀중貴重하다 할 수 있다.

내 탓인 것을 알게 되는 시점이 인생의 전환점이 될 것이다.

너(남) 탓

너 탓은 자기 자신을 보호하고 너를 원망하는 것이니 이는 수신도 모르는 것이기 때문에 '공의 이치'의 무지에 대한 독자성을 가지고, 무지로 너에게 피해를 주는 형태이니 상대성이 함께 적용된다.

공의 도형으로 살펴보면

너 탓(깨닫지 못함으로 너에게 피해를 주는 격이다)

너탓 시작점　　너탓 끝점

공

"나에게 피해" 끝점　　"나에게 피해" 시작점

깨달음 없어 너가 나에게 피해를 줌

너 탓의 공空의 도형

　"너(남) 탓이오"는 너 탓을 시작점으로 출발하여 '공의 이치'에 따라 반원을 따라가다 보면 엇박자의 경계에 도달하며, 이 경계를 넘으면 너 탓이 내 탓으로 변하게 된다. 내 탓으로 변한 상태에서 반원을 계속 가다 보면 또다시 엇박자의 경계에 도달하며, 이 도달한 경계는 끝점으로 처음 시작점(너탓)과 만나 하나의 공을 이룬다. 결국 너 탓은 내 탓으로 되돌아와서 내가 하는 모든 일이 상기의 도형같이 순리로 돌아와 잘 안 풀린다. 이것은 깨닫지 못하므로 계속 윤회輪廻(안 좋은 일이 반복됨)하는 것이다.

　결국 어리석은 사람이 너(남) 탓을 하게 된다.

책임과 무책임의 공

　책임과 무책임도 가장 중요한 것은 잘못의 기준을 알아야 한다. 잘못을 모르면 결국 자신의 책임으로 돌아가기 때문이다.

　현실에서 많은 사람들이 자신에게 피해가 오거나 문제가 생기면 책임 회피나 무책임하게 응하는 경우가 많이 있다. 이는 어리

석고 무지한 사람들의 행동임을 공의 도형으로 설명하면 다음과
같다.

무책임의 공 – 안 좋게 돌아가는 공

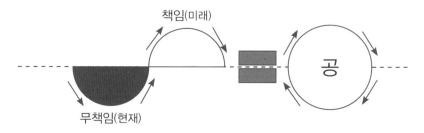

무책임의 공의 도형

상기 도형에서 자신이 한 일에 대하여 무책임한 행동을 한다면
결국 시간이 지나 그 무책임에 대하여 책임을 꼭 져야 한다. 이것
은 세상 이치이며 불변이다. 현실에서 무책임한 사람들의 말로가
좋지 못한 것을 관심있게 지켜보면 알 수 있다.

무책임을 행하는 자는 인생의 미래가 없고 어둡다.

책임의 공 – 좋게 돌아가는 공

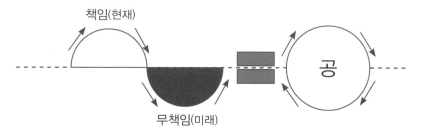

책임의 공의 도형

상기 도형에서 자신이 한 일에 대하여 책임을 진다면 시간이 지나면 그 책임에 대하여 책임을 지지 않아도 된다. 책임을 지지 않는 것이란 근심 걱정, 스트레스 없이 편안하고, 만사가 순탄하고 원활하며 행복하게 살아가는 것을 말한다.

"책임을 행하는 자는 인생의 미래가 있고 밝다."

"자신이 행한 일에 대하여 책임지려는 의지는 미래의 그 사람을 만든다."

무책임과 책임 어느 것이 현명한 것인가?

내가 저지른 일은 내가 처리하여야만 하나의 공으로 소멸된다.

내가 저지른 일을 다른 사람이 해결해준다고 모든 것이 소멸되는 것은 아니다. 그러므로 자신이 저지른 일은 직접 해결하지 않으면 공을 이루지 못하여 깨달음이 없는 관계로 필경에는 반드시 그 일과 유사한 일들을 다시 만나 일어나기 때문에 그때는 모든 것을 책임져야 한다. 이는 나와 같은 부모나 형제, 친구, 친척이 해결해준다 하여도 해결해준 것이 아니다.

죄 짓는 일을 했으면 죄값을 받으면 되고, 상 받을 일을 했으면 상 받으면 된다. 참 지혜는 이것을 아는 것이고, 참 용기는 이것을 행하는 것이다.

죽을 짓을 했으면 죽을 각오를 해야 하고 잘못을 했으면 책임을 져야 진정한 용기 있는 자라 할 수 있다.

잘못을 숨기려 할수록 드러나는 것이 공의 이치이니 이는 어리석

은 자들의 행동이다. 잘못을 시인하고 용서를 빌며 참회한다면 잘못은 곧 소멸될 것이다.

책임감이 있는 사람은 공과 정성의 노력을 다하므로 다른 사람보다 앞서 나아간다.

제79장

和大怨 必有餘怨
화 대 원 필 유 여 원

和大怨 必有餘怨 安可以爲善? 是以聖人執左契 而不責於人
화 대 원 필 유 여 원 언 가 이 위 선   시 이 성 인 집 좌 계 이 불 책 어 인

有德司契 無德司徹
유 덕 사 계 무 덕 사 철

天道無親 常與善人
천 도 무 친 상 여 선 인

큰 원한은 화해를 해도 반드시 남는 원한이 있는데 이것이 어찌 선이 될 수 있는가? 그러므로 성인은 좌계를 갖고서도 갚을 것을 독촉하지 않는다.

덕을 쌓는 자는 연분을 만나고 덕을 쌓지 않는 자는 연분을 만나지 못한다. 하늘의 도는 친함이 없이 항상 선한 자를 돕는다.

해설 ▷▷ 이 장에서는 완전한 공을 이루지 못하면 선도 아니며 깨달음을 얻지도 못한다고 하고, 덕은 쌓으면 좋은 인연이 오고 덕을 쌓지 않으면 좋은 인연도 통과하는 것을 말한다. 이것이 공의 법칙이기 때문이라고 설명한다.

보복報復의 공

보복報復 - 돌아와 갚는다 (갚을 복, 돌아올 복)

보복은 좋은 의미의 말이 아니라 나쁜 의미의 말이다. 보복이란 말과 관계있는 것은 악연이며 더 크게는 원수, 철천지 원수라고 표현한다.

원수怨讐(원망할 원怨, 원수 수讐)

원한이 맺힐 정도로 자기에게 해를 끼친 사람이나 집단을 말한다.

직접적인 원수 - 내가 직접 피해를 입는 경우

간접적인 원수 - 나와 관련이 있는 사람이나 집단이 피해를 입는 경우. 부모님의 원수, 형제의 원수, 친구의 원수, 집단의 원수

원수라는 정도의 말을 쓰는 것은 생명이 해를 입어 죽을 정도 이상인 경우를 말한다. 원수가 있으면 보복이 함께 동반한다. 이는 너가(원수) 나에게 피해를 주었기 때문에 '공의 이치'로 보면 내가 너에게 그에 상응하는 대가를 주는 것을 말한다.

여기서 원수에게 보복을 하는 당사자가 본인인 경우는 원수와 함께 똑같은 응징의 대가를 주고 받았기에 공의 이치로 보면 소멸이 된다. 다만 둘 다 상처만 남기게 된다.

하지만 원수의 직접적 당사자가 아닌 경우는 원수는 죄값을 받아 소멸이 되나 원수에게 피해를 입은 당사자가 아닌 경우는 결국 직접적 이유도 없는 원수에게 피해를 주게 되는 형태로 원만한 공

을 이루지 못한다. 결국 간접적 원수인 너에게 피해를 주는 것이 되며, 그것이 원인이 되어 당사자인 자신도 결국 원수와 같은 보복에 상응하는 대가를 받을 수 있다.

이런 원수에 대한 보복은 계속 맞물려 돌아간다. 이런 보복은 결국 시간이 가면 함께 피해를 보는 결론을 맞는 형국이 된다.

이런 연유로 원수에 대한 보복은 어느 정도의 선에서 정리를 해야 원수의 피해 당사자도 업의 윤회를 끊을 수 있다. 특히 원수로 인하여 피해자가 죽었다든지 간접적으로 죽게 만들었다고 한다면 '공의 이치'로 가해자인 원수는 반드시 죽음에 상응하는 대가를 받는다. 이는 대가를 받도록 자신이나 누구도 모르게 오묘하고 미묘하게 환경이 만들어진다. 이 일은 '공의 법'에 의한 '공의 기'로 오묘하고 미묘하게 일어난다.

인간살이 만사가 어찌 '공의 법'에서 벗어날 수 있겠는가?

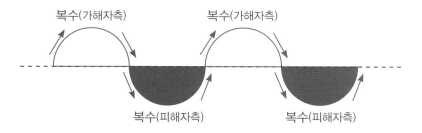

복수(가해자측)　　　복수(가해자측)

복수(피해자측)　　　복수(피해자측)

원수에 대한 복수의 공의 도형

이런 연유로 어떤 형태의 보복도 보복을 하는 당사자에게는 앙갚음으로 화는 풀릴지 모르나 때가 되면 자신에게도 피해가 돌아온다. 또한 자칫 이런 식으로 계속 돌아갈 수도 있으니 피해 당사

자는 지혜로 이느 정도 선에서 악연의 인囚(원인)을 끊어야 한다.

<참고> 좌계左契 - 둘로 나눈 부신符信 가운데 왼쪽 것. 하나를 자기 손에 두어 좌계로 하고, 다른 것을 상대방에게 주어 우계右契로 함. 곧 약속의 증거.

용서와 사랑

그 사람으로 인하여 내 인생이 괴롭고 힘들게 되었다면 어찌 용서를 하고 사랑을 할 수 있겠는가? 그러나 성경에는 원수를 사랑하라는 글이 있고 불경에는 자비심으로 용서하라는 글들이 있다. 무슨 의미로 이 같은 말씀들을 했을까?

물질적, 육체적, 정신적 고생과 고통, 괴로움을 여러 번 받다 보면 처음 몇 번은 그 사람을 원망하게 되고 꼴도 보기 싫으며 죽이고 싶은 생각과 마음이 드는 것이 어디 한두 번뿐이겠는가? 자나깨나 오직 분한 마음뿐이니 어찌 용서 할 수 있을까?

하지만 그 이상의 고통과 괴로움, 그리고 고생을 하다 보면 왜 이런 일들이 나에게 일어났는지를 의심하게 되고, 그 의심은 곧 자신으로 인하여 일어나는 것을 깨닫게 된다. 그 깨달음을 얻으면 나에게 존재했던 모든 사람들이 고맙게 되고, 그 고마움이 생기니 저절로 용서가 된다. 나에게 괴로움을 준 그 사람 또한 나와 같은 굴레를 돌고 있기 때문에 그 사람에 대해 측은한 마음이 들어 자비심과 사랑심으로 모든 악한 감정을 소멸시켜 원만한 공을 이루게 된다.

다만 이 내용을 실제로 체험해 보지 않은 사람들은 상상과 실감을 할 수 없겠지만 많은 신도들이 믿는 예수님이나 부처님도 왜 용서와 사랑을 말씀하셨겠는가를 생각해보아야 한다.

하늘의 도는 친함이 없이 항상 선한 자를 돕는다.

내용 중 선善한 자는 누구인가?

한자로 풀이하면 착할 선으로 착한 사람을 의미하는 것 같다. 그러나 여기서는 올바른 사람을 의미하는 것이라 할 수 있다. (제45장 착함과 올바름의 차이를 참조)

착함은 지키는 덕을 행하는 사람을 의미하며 올바름은 쌓는 덕을 행하는 사람을 의미한다.

좋은 인연이란 끝까지 있는 것도 아니라 할 수 없지만 좋은 인연은 내가 덕을 쌓아 만들면 된다.

小國寡民
소 국 과 민

小國寡民

소 국 과 민

使有什佰之器而不用 使民重死而不遠徙

사 유 십 백 지 기 이 불 용 사 민 중 사 이 불 원 사

雖有舟輿 無所乘之 雖有甲兵 無所陳之

수 유 주 여 무 소 승 지 수 유 갑 병 무 소 진 지

使人復結繩而用之 甘其食 美其服 安其居 樂 其俗

사 인 복 결 승 이 용 지 감 기 식 미 기 복 안 기 거 낙 기 속

隣國相望 鷄犬之聲相聞

인 국 상 망 계 견 지 성 상 문

民至老死 不相往來

민 지 노 사 불 상 왕 래

나라가 작고 백성이 적어야 한다.

가령 각양각색의 여러 사람을 활용하지 못하고 자신만 귀중하게

보는 자를 멀리 보내지 못하면 비록 배가 있어도 승선하지 못하고,

비록 군사가 있어도 진군하지 못한다.

만일 사람들과 더불어 맺게 한다면 음식은 맛있고, 옷은 아름답

고, 사는 곳은 편안하며 살아가는 것이 즐겁다. 이웃 간에 서로가 바라는 것은 닭과 개가 서로 소리내고 듣는 것과 같다.

사람이 늙어 죽음에 이르면 서로 오고감이 없다.

해설 ▷▷ 이 장에서는 자연으로 돌아가는 길과 덕이 없는 지도자와 덕이 있는 지도자의 사례를 비교하며 모든 것이 공함을 설명한다.

나라가 작고 백성이 적어야 한다.

나라도 작고 사람도 적으면 그만큼 경쟁을 하여 살아야 할 이유도, 경쟁할 이유도 없으니 욕심도 작아지며 순수한 자연의 상태로 돌아갈 수 있기 때문이다.

없으면 없는 데로 살고 있으면 베풀고 살아라.

없는데 억지로 빌리고, 대출하고, 남에게 피해를 주면서까지 무리를 하는 경우는 그 돈으로 인하여 자신의 인생을 망칠 수 있다.

없는 데로 삼시 세 끼 견디다 보면 조만간 돈이 들어오니 오히려 성급하게 서두르나 괴로움으로 돌아올 수 있다.

다만 이 이치를 깨닫기까지는 많은 시간과 과정이 필요하다. 공의 이치가 때가 되면 돌아오니 힘들더라도 참고 견디다 보면 힘든 상황이 소멸하게 된다.

가령 각양각색의 여러 사람을 활용하지 못하고 자신만 귀

중하게 보는 자를 멀리 보내지 못하면 비록 배가 있어도 승선하지 못하고, 비록 군사가 있어도 진군하지 못한다.

이 내용은 덕이 없는 지도자가 가는 길의 사례를 들어 설명한 것이다.

만일 사람들과 더불어 맺게 한다면 음식은 맛있고, 옷은 아름답고, 사는 곳은 편안하며, 살아가는 것이 즐겁다. 이웃 간에 서로가 바라는 것은 닭과 개가 서로 소리내고 듣는 것과 같다.

이 내용은 덕이 있는 지도자가 가는 길을 사례를 들어 설명한 것이다.

사람이 늙어 죽음에 이르면 서로 오고감이 없다.

늙어 죽으면 무의 세계로 귀환하고 유의 세계에서는 사라진다. 공의 세계는 오고감의 세계인데 유가 사라지니 오고감도 없다고 하는 것이다.

나이가 들어 몸이 약해지고 살아온 날에 대한 후회나 미련 등의 인생무상을 느끼는 것은 '무의 세계'로 다가가고 있음을 말한다.

제81장

信言不美
신 언 불 미

信言不美 美言不信
신언불미 미언불신

善者不辨 辯者不善
선자불변 변자불선

知者不博 博者不知
지자불박 박자불지

聖人不積 旣以爲人 己愈有 旣以與人 己愈多
성인불적 기이위인 기유유 기이여인 기유다

天之道 利而不害 聖人之道 爲而不爭
천지도 이이불해 성인지도 위이부쟁

믿음직한 말은 아름답지 않고, 아름다운 말은 믿음이 안 간다. 선자는 말이 없고 말이 많은 자는 선하지 않다. 아는 자는 박식하지 않고 박식한 자는 알지 못한다. 성인은 머무르지 않고 처음부터 사람들을 위하기 때문에 더욱 뛰어난 것이며 처음부터 사람들과 더불어 하기 때문에 더욱 많이 뛰어난 것이다.

하늘의 도는 이익을 보려면 손해를 보게 된다. 성인은 천도를 알기 때문에 행함에 논쟁이 없다.

해설 ▷▷ 이 장에서는 잇박자의 공으로 사람의 언행을 실명하고, 성인이 덕을 쌓음과 천도를 행함을 설명한다.

믿음직한 말은 아름답지 않고, 아름다운 말은 믿음이 안 간다. 선자는 말이 없고 말이 많은 자는 선하지 않다. 아는 자는 박식하지 않고 박식한 자는 알지 못한다.

이 내용은 엇박자로 돌아오는 공의 순리를 말하는 것이며, 많은 사람들이 달콤한 유혹의 말을 듣고 사기를 당하는 것도 이와 같다.

입으로 짓는 죄 – 구업

'절대'라는 말은 타인에게는 절대로 쓰면 안 되고, 자신의 수행(자신의 과오를 고치는데 사용)에만 사용하여야 한다.

"큰일이다, 큰일났다"라는 말을 쓸 곳은 생명이 위험할 때나 그런 상황이 발생할 때뿐이다. 수시로 쓰면 실제 큰일이 올 수 있다. 이는 공의 기(空氣)가 큰일을 일으키기 때문이다.

입으로 나온 말은 구업이 된다. (선업과 악업) 할 말과 하지 말아야 할 말을 구분할 줄 알아야 한다.

상대에게 도움(기쁨, 행복, 용기 등을 내게 함)이 되는 모든 말을 해야 한다. 상대에게 도움 안 되는(악담, 약점 등으로 기분 나쁘게 함) 이 모든 말을 구분하여 하는 것이다.

내 자신을 위해서도 속에서 화병이 날 정도면 말을 하여야 한다. 단, 상대에 도움이 안 되는 말(욕, 악담, 분노를 일으키는 말 등)은 화를 부르니 조심하여야 한다.

내 마음속에서 타오르는 불씨(탐貪, 진嗔, 치痴)는 누가 잠재울 수 있는가?

활활 다 타버려야 그때서야 꺼진다. 남는 것은 재뿐이다.

어떤 일에서 욕심과 어리석음으로 인한 일은 결국 시련을 맞는다.

혼자서 하는 일의 어려움보다 여럿이 하는 일은 더욱 어렵다. 혼자서 하는 일은 자신의 능력과 노력에 따라 달리 나타나지만 여럿이 모여 이루는 일은 혼자 잘한다고 되는 것이 아니기 때문이다. 이는 각자의 성품이 있고 먹고사는 방법이 다르기 때문이다.

한가지 일로 여럿이 함께하는 일에서, 여럿 중에 한 사람이라도 자신의 이익을 늘리거나 손해를 줄이기 위해 포기하든가 살기 위해서 수단手段을 부리게 되면 그 일은 중단이 되고, 다른 사람들 또한 포기하게 되거나 다시 재기할 때까지 무기한 기다려야 한다. 이것은 내가 투자한 인건비와 자재비, 경비까지도 수익 없이 모두 허공 상태로 만드는 일이다. 그나마 남은 재정적 여력이 있으면 다행이나 그러하지 못하면 부도와 비슷한 경지에 이르며 결국 내가 좌절과 시련을 맞는다. 이런 일들은 조심하지 않으면 안 되며 잘해도 본전밖에 안 된다.

이런 일이란? 이런 과정을 거친다

첫 번째 과정 – 모르는 사람, 초면이 있는 사람, 아는 사람의 소개로 상대를 만나 사업을 구상한다.

두 번째 과정 – 주체가 되는 사람이 자본이 없어 남의 돈으로 시작한다. 또는 대출(PF자금－제2금융권 대출)을 약속한다. 종료(준공) 후 결제를 약속한다. 또는 이자를 많이 준다는 약속을 한다.

세 번째 과정 – 잘되면 다행인데, 혹 문제가 되면 돈을 받을 명분(끈)이 없다. (돈 없는 사람과의 계약서는 필요 없다.)

받을 명분 – 자본이 있어야 한다. (동산이나 부동산)

– 사회적 명예가 있어야 한다. (계약서가 필요하다.)

– 자신과 친분이 있어 신뢰가 돈독한 경우 (이런 경우는 공생공사하여야 한다.)

네 번째 과정 – 본인이 괴로움에 빠진다.

이와 같이 상기 과정을 심사숙고하여 결정을 하여야 한다. 모든 일에는 상상도 못하는 오묘하고도 미묘한 일들이 일어난다.

누가 이런 일에 빠지는가?

욕심 있는 자는 자기 갈 길만 보기 때문에 빠지며, 어리석은 자는 사물을 제대로 보지 못하기 때문에 빠지며, 우유부단한 자는 결정을 함부로 하지 못하고 상대에게 이끌려 결정을 하기 때문에 빠진다.

모든 일에는 첫 단추가 중요하다.

첫 단추가 잘못됨을 알았을 경우는 과감하게 모든 것을 포기하고 다시 채우도록 하여야 한다. 알면서도 계속 가면 그 고통이 결국 가중된다.

이런 경우는 엎친 데 덮치는 경우가 발생할 수 있다. 자신은 물론 가족, 주변 사람까지도 고통을 받는다.

세상살이 하다 보면 단추가 잘못 끼워져 누구나 고생을 한다. 이 과정은 자신을 만드는 길이기도 하다

실제로 살다 보면 '아! 이게 아닌데' 하는 상황이 생길 때가 있다. 또는 뭐가 잘못되어 가는 느낌이나 징조가 일어난다. 그때 심사숙고하여 주위의 이야기를 경청하고 판단을 빨리 하여야 한다. 아닌데도 계속 가겠다고 하면 가면 된다. 단, 돌아올 그 고통을 이겨낼 배짱이 있어야 한다.

살다 보면 하는 일에 대하여 진퇴양난인 경우가 있다.

이것은 시련이 다가오는 징조로, 불이오는 바람이니 피해 갈 수 없다. 자신의 자세를 낮추는 것이 현명하다.

이렇게 진퇴양난의 경우에 처하게 되면 정도를 보고 정법을 따르는 것이 현명하다. 때가 되면(시간이 지나가면) 그 이유를 알게 된다.

직장생활이나 사회생활을 하다 보면 이 같은 일에 처하는 경우

가 있을 수 있으니 그때는 심사숙고하여 미련 없이 정도에 정법을 따르는 것이 지혜다.

사람이 어떤 사람을 공사로 만날 때

그 사람의 보이는 것, 즉 겉모습과 물질을 보는 것과 그 사람의 보이지 않는 것, 즉 그 사람의 생각과 여건을 볼 수 있는 마음의 지혜가 있어야 후에 후환이 없다.

빌려준 돈이나 결제 대금을 못 받아 괴로울 때는

돈을 받을 끈이 조금이라도 있다면 방법을 찾고 마음을 비우고 때를 기다려야 한다.

돈을 받을 끈이 조금이라도 없다면 마음을 비우고 빨리 그 돈을 포기하는 것이 몸을 상하지 않게 한다. 왜냐하면 결국은 그 돈은 안 들어올 확률이 많기 때문이다. 끈도 없이 거래를 한 자신이 잘못하였기 때문에 깨달음을 얻은 것으로 만족하고 포기하여야 한다. 완전히 포기하는 그 순간부터 마음도 편안해지고, 잃어버린 돈의 가치만큼 새로운 것(돈과 가치)이 그만큼 들어오게 된다.

다만, 고생은 각오하여야 한다. 연애인들 중 이를 포기하면서 다시 재기하는 것을 언론 매체나 방송(TV, 인터넷)을 통해서 우리는 확인할 수 있다.

헛돈을 많이 써봐야 참돈을 안다.

돈은 돌고 도는 것이며 아무리 자기 손에 갖고 죽으려고 해도 갖고 죽지 못한다. 그러한 이유로 돈은 돌고 돌기 때문에 들어온 돈을 나름대로 이유 있게 써보지만 결국은 돈이 자신의 손에 있다가 없다가를 여러 번 반복하다 보면 돈의 참가치를 깨닫게 되는 것이다. 돈이 무엇인지 깨달은 사람은 돈을 돌릴 줄을 안다.

헛돈이든 참돈이든 돈은 돌고 돌아야 하며, 그 돈을 어떤 상황이 되든 기분 좋게 흥겹게 쓴다면 이는 덕을 쌓는 것으로 조만간 기다리면 자신에게 복으로 되돌아올 것이다.

돈을 후덕하게 쓴다면 곧 복을 받는 길이다.

참고로 돈놀이, 사채놀이. 돈장사, 부동산 투기를 말하는 것이 아님을 명심하여야 한다.

하늘의 도는 이익을 보려면 손해를 보게 된다. 성인은 천도를 알기 때문에 행함에 논쟁이 없다.

하늘의 도, 즉 공의 세계는 항상 공을 이루고 소멸과 생성을 이루기를 바란다. 꼬리가 물려 돌아가는 것을 좋아하지 않으니 그때그때 공을 이루도록 만드는 것이 성인이며 깨닫고 노력한다면 누구나 성인이 될 수 있다.

자기 분야에서 세상 이치(진리)를 깨달은 자를 '현자賢者'라 할 수 있다.

이는 자기 분야에서 고생과 시련을 받으면서도 끝까지 가는 것이며 결국에는 극에 도달하는데, 이때 자신의 분야에서 세상 이치를 깨닫게 된다.

다만, 몇 번의 과정에 자신의 분야에서 성공을 하여도 깨닫지 못하는 이유는 나름의 성공함으로 인하여 만족하다 보니 그쯤에서 멈추기 때문이다. 어떤 분야에서도 세상 이치는 존재한다.

노자 도덕경의 공을 마치며

공의 세계에서 돌아가는 공은 오묘하고 미묘하게 서서히 돌아오기 때문에 많은 덕행을 하지 않으면 돌아오는 것을 느끼기 어렵다. 또한 악행도 작은 악행들은 서서히 돌아오기 때문에 느끼기 어려워 너(남) 탓을 하는 것이다. 그러나 큰 악행은 크게 돌아오니 체감할 수 있다.

공덕을 쌓고 있으면 대기만성을 이룰 수 있다.

대기만성大器晚成 – 큰 사람이 되기 위해서는 많은 노력과 시간이 필요함을 나타내는 말

공의 세계에서 보면 너의 행함이 너에게 드러날 것이며 나의 행함이 나에게 드러날 것이다.
공의 세계는 인간들이 각자 '나와 신(무)', '나와 나', '나와 너'가 함께하기를 바랄 것이다.

이 글을 마치며 세 가지를 말하고 싶다.
공의 세상은 절대로 혼자서만 돌지 않고 함께 돌아가고 있으니 항상 깊이 유념하고 있어야 한다.

하나는 공空을 일으켜 자신의 공空을 만들기 바라는 것이다.

공의 이야기에서 자기 자신이 복福을 받는 길을 자신이 알아서 만들어야 한다.

실제 주위에서 새벽 기도, 철야 기도, 100일 기도, 1000일 기도, 자원봉사, 재능 기부 등 나름의 수행(고행)을 통하여 공덕(공음덕)을 쌓거나 기부, 보시, 헌금 등 베풂을 통하여 공덕(공양덕)을 쌓아 복福을 받는 사람을 많이 볼 수 있다. 이러한 공덕(공음덕과 공양덕)을 쌓아본 사람들은 돌아오는 복을 잘 안다. 이것이 바로 공을 키우는 것이다.

또한 공을 키우는 과정에서 알든 모르든 너에게 피해를 주게 되면 피해를 준 만큼은 자신이 키우는 공이 상돼됨을 알아야 한다. 결국 정도正道 안에서 공空을 키워야 한다.

많은 분들이 종교생활을 하며 자신의 신神을 믿더라도 우선은 일상에서 자신의 주위부터 살펴 피해주는 일이 없도록 해야 한다. 자칫 원망을 듣는다면 신神을 믿고 기원하는 자신의 덕이 상돼될 수 있기 때문이다.

불교에서 많은 불자들이 부처님께 또는 보살에게 원을 세우거나 발원문을 세우는 경우가 있다. 이 또한 공을 일으키는 것과 같은 의미라 할 수 있다. 발원문*을 세우고 과정을 거쳐 회향回向으로 나름의 복을 받는 것은 공을 이룬 상태라 할 수 있다.

....

* 발원문發願文: [명사] 신이나 부처에게 소원을 비는 내용을 적은 글.

하나는 너와 내(나)가 함께 공을 이루어 더불어 사는 밝은 세상을 만들기를 바라는 것이다.

모두가 자신의 멋지고 행복하고 성공한 인생을 찾았으면 하는 것과 이것 또한 너와 조화를 이룰 때 가능한 일이며, 이 모든 것은 더불어 밝은 세상을 만드는 길이며 누구보다도 나와 내 후손들을 위한 길인 것을 알아야 한다.

자신이 살다 보면 안 좋을 때는 그 안에 안 좋은 기氣가 함께 일어나고 있으며, 그로 인하여 더욱 안 좋은 일이 커져갈 수 있으니 조심하여야 한다. 이런 경우 분위기를 좋은 기氣로 바꾸도록 노력하여야 한다. 이는 모두 긍정과 내 탓으로 자신을 낮추면 시간이 조금만 지나면 좋은 기氣로 전환이 될 것을 확신한다.

하나는 공의 이치는 독자성과 상대성이 함께 공존하니 자신이 어떠한 일을 하더라도 내가 덕(이익)을 보게 되면 너는 해(손해)를 볼 수 있으니 이 점을 유의하여 너에게 피해를 주지 않도록 하여야 한다.

너에게 준 피해는 결국 후에 나에게 돌아오기 때문이며, 유심히 관하여 나에게도 덕이 되고 너에게도 덕이 되도록 지혜롭게 행하기를 바린다.

시대의 변화로 갈수록 문명과 문화가 발전하는 것은 각계각층에서 공空을 일으켜 공功을 들인 분들의 결과일 것이다. 그 분들의 덕德을 보고 살아가고 있기 때문에 항상 고마운 마음을 갖는 것이 매우 중요하며 그 마음이 자신에게 복福을 받게 하는 변화를 줄 것이다.

사람마다 모두 각자의 공空이 있으므로 자신의 공空을 가지고 너의 공空을 함부로 평가하여서는 안 된다. 공이 돌아가는 속도는 문명이 발전하기 이전과 이후가 다르게 돌아온다. 문명이 발전하기 이전은 정보가 늦어 공이 돌아오는 시간도 늦었다. 예를 들어 '전설의 고향'에서 보듯이 피해를 입은 사람이 원한이 사무쳐 귀신鬼神, 원귀冤鬼 등으로 나타나 가해자에게 복수를 하여 공을 이루고 소멸되는 것을 말한다. 하지만 문명이 발전한 현대의 정보화 시대는 기氣의 흐름이 빨라져(전파) 공이 돌아오는 시간도 빨라졌다. (유튜브, CCTV, 카메라, TV, 블랙박스, 녹음기, 위성 등)

옥내외 및 모든 길[道]에 CCTV가 설치되어 있고 모든 사람들이 핸드폰 카메라가 있으며 차량 블랙박스 등으로 금방 범죄 현장이 발각되고 전산망을 통하여 범죄자의 신원이 파악되어 수배나 체포가 빠르게 진행되는 것을 말한다. 이 모든 것은 기氣에 의하여 이루어진다. 이런 연유로 너에게 피해를 주면 그 대가를 빨리 받게 되는 것이다.

공으로 돌아가는 세상이므로 혼자서 독불장군처럼 모두 다 할 수 있다는 생각은 참으로 어리석은 생각이라고 말하고 싶다. 가족을 포함한 자신의 주위 사람들과 함께해야 자신이 잘되는 길이며 더불어 살아가는 세상을 만드는 선두자가 될 것이다. 너에게 덕德을 쌓는 것에 대하여 무엇이든 아끼지 마시기 바란다.

선득(착한 일)은 쉽게 드러나지 않지만, 악득(나쁜 일)은 쉽게 드러난다.

이 글에서 가장 중요한 것은

첫째 덕을 쌓아라.

덕을 쌓으면 내일을 걱정할 필요가 없다. 쌓지 않으면 무엇이든 빼앗긴다. (정신적, 물질적, 육체적)

둘째, 인내하고 정진하라.

덕 쌓는 일이 어찌 쉽다고 할 수 있겠는가? 하지 않으면 그에 대한 괴로운 대가가 돌아온다.

셋째, 공을 들여라.

천성이 되도록 행하라. 공을 들이지 않으면 세상살이 얻을 것이 없다.

천지의 기가 항상 지켜보고 있으며, 자신이 일으킨 공이 오묘하고 미묘하게 공의 기가 엇박자로 돌아오게 만드니 반드시 유념하여 인생살이를 살아가야 이 땅에 가장 소중한 나와 나의 가정이 모두 무난하게 살아갈 수 있다.

이런 연유로 최소한의 잘하는 것과 못하는 것의 경계를 배워 알아야 한다. 그런 다음 잘못은 그때그때 공을 이루도록 하여 소멸시키는 법을 행하여야 악업이 쌓이지 않으며, 또한 인생살이가 무난할 수 있다.

누가 내 인생을 대신해주지 못하듯 이 모든 글도 자신을 대신해주지 않으니 자신이 행하여 만들어가기 바란다.

이 모두는 행하고 난 뒤 오묘하고 미묘하게 되돌아 옵니다.

고맙습니다.
이 모든 것은 공空한 것입니다.

地　安

Ground happy life

이 땅에 모든 사람들의 행복한 삶을 위하여…

노자 도덕경의 공 하(下)

초판 1쇄 인쇄 2020년 03월 09일
초판 1쇄 발행 2020년 03월 17일
지은이 地安 이규석

펴낸이 김양수
디자인·편집 이정은
교정교열 박순옥

펴낸곳 도서출판 맑은샘
출판등록 제2012-000035
주소 경기도 고양시 일산서구 중앙로 1456(주엽동) 서현프라자 604호
전화 031) 906-5006
팩스 031) 906-5079
홈페이지 www.booksam.kr
블로그 http://blog.naver.com/okbook1234
포스트 http://naver.me/GOjsbqes
이메일 okbook1234@naver.com

ISBN 979-11-5778-432-5 (04140)
세트 979-11-5778-430-1